漢字與文物的故事

回到石器時代

許進雄——著

參 日常生活用具——弘濟區夏，陶甄萬方——082

《同場加映》

（序）中華文物的初學津梁

在同儕之中，許進雄的學術成就是我最佩服的。他的甲骨研究和著作，於安陽博物苑甲骨展覽廳被評為世界對甲骨學最有貢獻的二十五名學者之一；他的《中國古代社會：文字與人類學的透視》，從文字與人類學加以透視，堪稱別開生面的經典名著。因為他有機緣在加拿大皇家安大略博物館和多倫多大學沉潛三十年，博覽群籍，摩挲文物，從而厚積學識、廣開眼界，以不惑之年，即蜚聲國際。

進雄的性情，也被同儕評為天下最老實的人。他雖然愛說笑話，博君一粲；但襟抱磊落、表裡如一，言必有信。他放棄加拿大高薪穩定的工作，「回母系貢獻」，也因此留下臺大中文系新聘教員「全數通過」的紀錄。他在臺大，用心用力的培養甲骨學新秀，希望這一門「望重士林」的學問，能夠在中文系薪火相傳。在他心目中，也果然已有傳人，可惜始終未能扎根母校。如果說進雄返國多年，有什麼遺憾的話，應當只有這件事。

有天世新大學牟宗燦校長向洪國樑主任跟我徵詢，能使世新中文系加強陣容和向上提升的人才，牟校長當即同意禮聘進雄。我很高興數十年莫逆之交的弟兄，又能一起為世新盡心盡力。而青山綠水、清風明月，杯酒歡笑，亦復能洋溢於白髮蕭疏之中。

進雄將由臺灣商務印書館出版一套四冊的《漢字與文物的故事》，那是他在臺大和世新的授課講義，以文物作為單元，逐篇撰就，篇篇深入淺出，可以看出進雄學養的扎實，而機趣亦自然流露其間。我認為此書不止可作為喜愛中華文物的初學津梁，其精要的見解同樣可供學者參考。

能出一本書是讀書作學問的人的一大愉悅，在為進雄感到高興之餘，也寫出我對他治學為人的一些認知。因為就讀者而言，「讀其書，不知其為人可乎！」

曾永義

（自序）
因緣際會說甲骨

一九六〇年我進到臺灣大學中文系，因緣際會開始研讀甲骨學，到了研究所畢業的時候，我的甲骨學知識已能自行研究，獨當一面了。一九六八年，承蒙中央研究院歷史語言研究所的李濟博士與業師屈萬里教授共同推薦我去加拿大安大略省多倫多市的皇家安大略博物館，整理明義士博士收藏的大批甲骨文字。我從未想到會因此因緣而深涉中國古文物以及中國考古學的知識。

皇家安大略博物館原來是多倫多大學附屬的機構，兼有教學與展示的功能，一九六八年因擴充編制而脫離大學成為獨立的省屬機構。館藏的文物包括人類所有地區的文明以及科學各領域的資訊。其中以遠東部的中國文物最為有名，號稱是中國地區以外最豐富的十大收藏之一，很多藏品獨一無二，連中國都難得見到。

我在臺灣所受的專業訓練是有關中國學問的，既然身在以收藏中國文物著稱的單位服務，自然會變成同事們諮詢的重要對象。為了因應工作的需要，我只得擴充自己求知的領域，除了加強對中國思想、文學、語言等學科原有的訓練外，也自修考古、藝術、民俗、天文、產業等各方面的知識，以應付博物館的多樣化展覽主題，因此也就不自主地開始深入了解中國文物的必要知識。

在多倫多，我本有博物館與多倫多大學的穩定工作。但受到學長曾永義教授「回母系貢獻」的一再敦促，一九九六年應臺灣大學中文系之聘，回國來講授中國古代社會、甲骨學、文字學等課程，當時尚未有開設相關中國文物課程的構想。在一次餐會中，認識了世新大學通識課程的主任趙慶河教授，他談及想增加中國文物知識的普及化教學課程，我告以自己曾經在博物館工作，具有二十幾年參與中國文物的收藏與展覽的經驗，在加拿大的洋人社會裡也長期從事推廣中國文化的活動。他就問我是否可以考慮去世新大學開一門有關中國文物的通識課程，我答以何樂而不為。當時以為只是客套的交談，並未作教學的進一步打算。誰知開學前不久，突然接到電話，說通識課程已經排定了，請我準備上課。在匆促之間，就決定以我與同事們為介紹館藏重要文物所編寫的書，《禮敬天地，皇家安大略博物館的中國寶藏》"Homeage to

Heaven，Homeage to Earth – Chinese Treasures of the Royal Ontario Museum"（多倫多：多倫多大學出版部，一九九二年）作為講課的主要教材，輔以其他機構的典藏品。如此一邊教學一邊編寫教材，一年之後，初步的教材就緒，我也就把中國文物概說的課帶到臺灣的大學去。

皇家安大略博物館的展示以主題為主，每個展覽的籌劃都像寫一篇論文。不但展示的整體內容有起承轉合的結構，個別文物的說明，除必要的名稱、功能、質材、年代、製造、裝飾等資訊外，還特別重視文物背後所隱含的生活與社會意義，希望觀眾於參觀後，能對展示的主題有明確的認識，而不是只瀏覽展品美麗的外觀而已。在長期受這種以教育觀眾為展覽目標的主導原則的影響下，我對於文物的認識常著重其製造時的社會背景，所以講課時，也經常借重我所專長的中國文字學、中國古代社會學，作綜合性的詮釋與引申。譬如：在介紹紅山文化的玉豬龍時，就借甲骨文的昌字談佩帶玉珮以驅避蚊子的可能；介紹大汶口的象牙梳子時，就借用甲骨文的姬字談髮飾與貴族身分的關係；教到東周的蓮瓣蓋青銅酒壺時，就談蓋子的濾酒特殊設計；介紹唐代的彩繪釉陶婦女騎俑，就談婦女生活解放與自主性的問題；對半坡文化的小口尖底紅陶瓶，就談中外以陶器運輸水酒的慣習；對唐代墓葬的伏羲與女媧絹畫，就談中國的鹿皮與結婚禮俗，以及古代臺灣原住民與漢族的關係。借金代觀世音菩薩彩繪木雕介紹觀音菩薩的傳說與信仰；借宋代太和銘雙龍紐鎛鐘談宋代慕古風氣與金人洗劫汴京的史實；利用刻紋木陶拍介紹陶器燒造的科學知識等等。

大部分同學對於這種涉及多學門、整合式的新鮮教學法感到興趣。有位在某出版社就職的同學找我談，說她們的總編輯對我講課的內容也有興趣，有意請我將講課的內容寫出來出版。在與總編輯面談後，初步決定撰寫一百四十篇，每篇約一千一百字，以一件文物為中心，選取新石器至清代各種不同類型的文物，依教課的模式與精神，談論各種相關的問題。至於書名，因博物館的展覽經常提供導覽服務，導覽員會對較重要的展品作詳細的解說，並申論個人的意見，這與本書撰寫的性質和目的非常類似，所以就把書名訂為《中華古文物導覽》。每篇文章都是獨立的單元，讀者可以隨意瀏覽，不必從頭讀起。

面談後我就興致勃勃的開始選件與寫作，誰知到了任務快完成時，因版權費的原因，我不簽合約，寫作的興致也就此打消，於寫完一百三十一篇後就輟筆不寫了。之後曾把部份文章改寫為六百字的專欄刊在國語日報上，但登了四十幾期亦中止了。後來國家出版社的林社長向我徵求甲骨學方面的稿件，我一時沒有甲骨學的著作，就想何不補足文物導覽的稿件交給該社出版。承林社長不棄，付梓問世了。

《中華古文物導覽》出版後，我接到大陸朗朗書社的電話，說這本書的寫作方式非常新穎，打算介紹給中國的讀者，問能不能授權給他們簡體字版的版權。我就請他跟國家出版社直接洽談。於取得簡體字的版權後，央求我多寫十篇。我也答應地寫了。出版時改名為《文物小講》。

《中華古文物導覽》出版後，我發現市面上不太容易找到這本書，但《文物小講》銷售卻不錯，再度簽了五年的合約。顯然並不是內容有問題賣不出去，而是銷售的方法不合適。我於是找臺灣商務印書館談，把國家出版社這本書的版權買下來，而我大幅擴增內容，預定完成全新的版本共四冊，並把教課的講義作適度的刪改，使其適合大眾閱讀。很高興洽談成功，把版權移轉到臺灣商務印書館。現在出版在即，把原委稍為說明如上。最後還希望學界先進，賜教是幸！

許進雄

民國一〇七年五月九日於新北市新店區

磨石成器

壹、農作與收穫——磨石成器

前往石器時代

㈠為什麼甲骨文的石斧被用來稱呼父親？

㈡收割農作物的石器跟「釐（禧）」字有關係嗎？

㈢樂器石磬象徵餘慶的好兆頭？

前往石器時代

遠古人利用自然的材料來製造工具和武器，是他們謀生活的方式。最容易被遠古人們利用的素材大概就是木材和石材了。捕殺野獸，石頭遠比木料有用，因為石頭既厚重又堅硬，可以給予野獸致命的傷害。破裂的石塊由於有銳利的棱角，也是理想的切割工具；它便利於砍伐樹木、剝取獸皮，是日常生活中可以利用的器具。

一百多萬年前，當人類曉得利用敲打石塊的方式來製作工具時，就進入了舊石器時代。之後，當人們學會「使用石頭磨擦石頭」製作更方便有效的工具時，就來到了新石器時代。磨製石器能使石頭的形狀更理想，成為有專門用途的器具，可以增強刃部的銳利度，減少使用時的反彈力，發揮更大的作用。**「石」字**的字形就表現出人類日常生活使用**有棱角的銳利石塊**。

石頭是遠古時代重要的生活器具

甲骨文的「石」字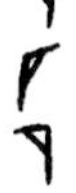：有銳利邊緣的岩石一角的形狀。

人們後來進步到用石器挖掘坑洞、陷阱，建築房子和捕捉野獸，於是就加了一個坑陷的形狀，表達石器用於挖掘的新用途。後來這個坑陷的形象在小篆訛變成圓形，被誤會為「渾圓的石卵」，失去古人重視石頭的原始價值。

石塊雖然是容易找到的材料，但是各種石頭具有不同的性質。有些石頭容易打造成條形的刮削器，有些則可以用來製作敲打器；有銳利角棱的石頭可以製作成切割器或鑽孔器，某些質料細緻的石頭則可以琢磨成美麗的裝飾物。在使用石器的過程中，遠古時代的人們漸漸講求工具的效能，他們尋找適當的石材，打造合適的工具。但是不同性質的石材很難在同一個地區取得，很可能因此促成交換石材或成品的商業行為。進一步推測，講究合宜的石材以及石材的知識，也可能促進了冶金術的發明。石頭是人類最早倚重的材料，也是早期交易的媒介。

小篆的「質」字：組合了兩把斤和一枚海貝。

甲骨文的「斤」字：象形字，一把裝有木柄的石斧。

甲骨文的「貝」字：某種在中國南方海岸地區取得的海貝的腹部形狀。

中國古代的貝是來自遠方地區的海產，人們拿來作為裝飾品，是很珍貴的東西。所以發明「質」字時的創意，指出「兩把石斧，可以交換一枚海貝」。石斧和海貝都是人們經常用來以物易物的東西。石斧為日常必需品，海貝為珍貴罕見的物資。遠古人類非常依賴石頭這項資源，所以從舊石器時代起，就有專門的石器製造場。但石頭本身有重大的缺點：一是笨重，不方便大量攜帶；二是打造費時，尤其是細小物件，更要加倍用心；三是細長的石器物容易被折斷；四是大多石材看起來樸素無紋，不美觀。所以一旦有了更理想的材料可以取代石頭，除了那些價格低廉又笨重的生產工具到青銅器時代仍在使用，石頭製的器物幾乎被人們遺棄了。

何謂石器時代？

簡而言之，石器時代就是以石頭為原料製作工具的時代。大約開始於二、三百萬年前。各地區進度不一致。大致可分成三個時期：

一、舊石器時代

使用直接打擊的方式所製造出來的石器，具有「鋒刃」，或者可使用間接打擊的方法，製造更精緻的器具。舊石器時代的人們也會使用骨器（用骨頭製作的器具）。

❶ **北京人**，遺址的十三層以上約在七十至二十萬年前，十三層以下則時代更早。房山周口店，一九一八年以來幾次發現遺物，加拿大人步達生（Black）命名，屬於直立人。一九二九年，裴文中發現完整的頭骨五個，都在第二次世界大戰中遺失。腦量一千零四十三立方公分。出土文物為：石製品、灰燼、燒骨、砍伐器、刮削器、尖錐、石砧。死亡率高。

❷ **山頂洞人**，北京人遺址頂部山洞，距今約一萬八千年，出土石器、骨角器、多件穿孔飾物。從出土文物來看，山頂洞人已有愛美觀念，且當時已有兩面對鑽穿孔的技術。此遺址為迄今發現到的最早墓葬，人骨還撒有赤鐵礦粉末，據推測，可能是基於信仰的原因。另發現到骨針殘長八．二公分，可能是利用植物纖維來縫製衣物（在另一處四萬至兩萬年前的遺址「遼寧海城」，發現到三根完整的骨針。象門齒，長七．七四公分，孔徑〇．一六公分；長六．九公分，孔徑〇．〇七公分；動物骨，長六．五八公分，孔徑〇．二一公分）。在遺址中也發現到超過六十歲的老人。

二、細石器時代

形狀細小的打擊石器，使用間接手法（用另外一件石頭作為鑿子打擊，以便做出更精緻的石器）打造，存在時間不長，有些地區跳過此一階段。

三、新石器時代

使用磨製的石器，形狀比較規整、使用上也較為安全，效率更好。出土的砍伐工具有斧、錛、鑿；農耕工具有鏟、刀、鐮、磨盤等；兵器有矛、鏃、斧等；儀仗器有斧、杖、圭璋等；裝飾物有珠、璜、佩、玦等。新石器時代的人已開始燒造陶器。新石器時代是開始進入農業時代的標示，大約一萬二千年前在華南地區開始。後來可能因為氣溫急遽上升，南方地區的人分兩路往華北內陸與東海岸發展農業，後來形成東西兩個文化傳統。

石 shí ＝ 石

有尖銳角稜的石塊，可以用來挖掘坑陷。

斤 jīn ＝ 斤

裝柄的石錛。

貝 bèi ＝ 貝

產於暖水域的海貝。

第一章

爲什麼甲骨文的石斧被用來稱呼父親

中國大致在一萬多年前就進入了新石器時代

人類的體能比不上很多野獸，但卻能夠成為萬物之主，最重要的原因就是能利用自然的材料，製造工具和武器，獵取野獸，種植作物，適應日常生活的需要。在自然界裡，最多量、最容易被人們利用的素材大概要算是木料和石頭了。捕殺野獸，石頭遠比木料有效。破裂的石塊有銳利棱角，也是理想的切割工具，它便利於砍伐樹木，剝取獸皮，更增加

磨製石斧
「父」親的假借字

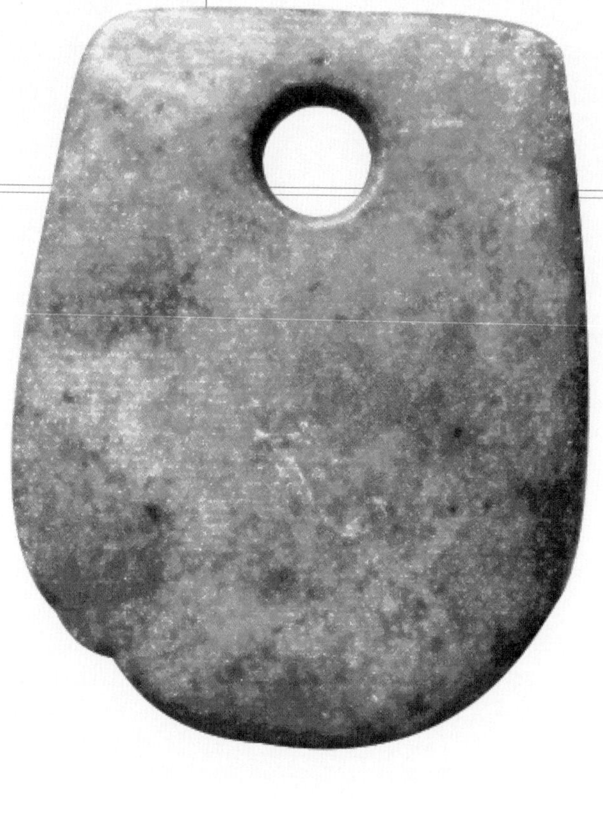

圖 1
磨製石斧，長 14.9 公分，加拿大安大略博物館收藏。青蓮崗類型，約西元前 3300～2500 年。

圖 2
石鉞，高 17 公分，寬 16.7～19.3 公分，厚 0.7 公分，孔徑 6.4 公分，良渚文化，西元前 3300-2000 年，浙江海寧出土，浙江省文物考古研究所藏。青灰色泥岩，形制規整，體大而薄，穿孔兩端留有條狀朱砂痕，為綑縛於木柄的遺痕。

了可以利用於日常生活中的素材。

有銳利棱角的石塊可當致命的攻擊武器。當一、二百多萬年前的人類曉得用打裂石塊的方法製作工具時，就進入了舊石器時代。**甲骨文的石字**，字形表現出人類著重於使用「有棱角的銳利石塊」，描畫出岩石銳利邊緣的一角。後來，古人也利用石器來挖掘捕捉野獸的陷阱，避免直接與野獸搏鬥的危險，於是就在「石」字的旁邊加了一個坑陷，藉以表達石器用於挖掘的用途。

圖 3
半磨製石斧，長 10.7 公分，赤峰興隆洼出土，西元前 6200～5400 年前。

圖 4
雙孔石刀，長 9.5 公分，西周，西元前十一至八世紀。穿繩而套在手上使用的收割工具。

圖 5

各式磨製石斧，長8～20公分，新石器至商代，西元前3000～1000年。

新石器時代。石器以磨製為主，就用途上而言，形狀更理想，用途趨向專一，可以增強刃部的銳利度，減少使用時候的反彈力，便於發揮更大的作用。

石器的製作從矛、鏢、鏃等武器開始，漸漸考慮到生活的必需器具，例如切割、刮削器，方便農耕的鋤頭、鏟子和刀鐮，最後創造出象徵地位的斧鉞、圭璋、璜佩等。在尚未發明青銅器以前，使用最頻繁的工具是石頭製的斤與斧。切割面呈現為橫向，稱作「斤」；切割面呈現為直向，稱作「斧」。**「斧」字**原先的字形是**「父」字**，甲骨文字形作：一隻手拿著石斧的樣子，斧頭已簡化成一條直線。金文的字形就很傳神，斧頭是上面尖銳、下方圓弧的形狀，這是描畫出側面的厚度，剖面達到這種厚度才能發揮效能。甲骨文與金文的字形都表示出石斧原先沒有裝設木柄，直接拿在手中使用。但使用這樣的石器打擊時，反彈的力道容易傷到手掌，所以後來改善成有裝柄的石斧。**「斤」字**的甲骨文字形就是裝了木柄的石錛形狀。早先人們在使用石斧時，直接在石斧上綑綁把手（柄），後來才改進成在石斧上挖出一個小圓洞，用繩索穿過孔洞、綑綁把手，才能使石斧牢牢地固定住。如圖 1 的磨製石斧，這件整體磨製得非常均勻的石斧有經常使用的磨損痕跡，從兩面對鑽，屬於早期的鑽孔技術，從尺寸上來看，應該是裝設短柄而單手使用的石斧。

父字後來假借，用來稱呼「父親」，為了區別「石斧」的本義，就在石斧（父）的字形加上「斤」，成為斧字。石斧的形象被用來稱呼父親，有人認為這是含有特殊意義；認為石斧表示男性對於女性，或父親對兒女的權威，其實，它可能只是表示源自新石器時代的兩性職業分工。石斧是那個時代砍樹、鋤地的主要工具，甚至到了青銅時代早期，它仍然是男子工作時使用的主要工具。母系氏族的社會，還沒有對等的婚姻關係，子不知其父，主要是由母親擔負起養育小孩的責任，掌控子女勞動所得的經濟成果。當時的女性擁有財產繼承權，男子並未特別尊貴。孩子稱呼母親的多位伴侶或兄弟為父親，只因他們是主要的勞動成員，並不含有特別的親近或敬畏的感情，更談不上權威的問題。商代也還沒有親父與叔、伯、姨、舅等分別的稱呼，一律都稱之為父。到了周代，更周全的人倫稱呼才逐漸確立。

斧 fu ＝ 父

手握著石斧的樣子，表示勞動的成員。

第二章

收割農作物的石器跟「釐（禧）」字有關係嗎？

統合多種科學的綜合考察，一萬年前地球氣溫的年平均溫度比現在低了約攝氏五度。那時候華北太過寒冷，而江南卻是很適合從事農耕的環境，在湖南道縣玉蟾宮遺址就曾發現過經科學鑑定，超過萬年的栽培稻穀。但九千年前之後，全球氣溫卻急遽上升，持續了幾千年，年平均溫度竟然比現在高出攝氏二度，以致華南太過炎熱，不再適宜居住和發展農業。人們於是往北方遷徙，定居在華北的河南、河北一帶，並順應區域的環境條件，把華南的稻作農業轉化為小米耕作。

經過長期辛勞的耕作後，終於可以獲得預期的收穫，保障日後一段長期的生活需求，對於農業社會的人們來說，沒有比豐收更快樂的事了。商代的人用收穫農作物的喜悅來表示生活幸福的意義。**甲骨文「釐」字字形** ：一隻手拿著木棍，正在撲打禾束，描繪出使穀粒掉落的情景；有時候，禾束是被另一隻手拿著，即 。恭賀新禧的「禧」字通這個「釐」字，就是取這個意思。

家家戶戶都有的石磨盤和石磨棒

穀類的仁實有的性質堅實，有的鬆散，但都有堅硬的外殼，必須先去掉外殼，才能夠食用。所以一旦有了採集或收割穀物的活動，大概就會有去除外殼的工作，這個時候就需要使用某些工具或設施。華北地區一些最早期的遺址，西元前五千九百年的河南新鄭裴李崗，以及稍晚的密縣、鞏縣、舞陽，河北的武安磁山等古老遺址，都發現類似

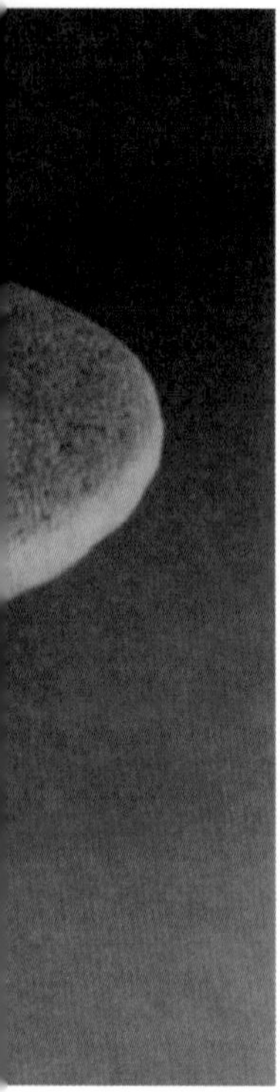

石磨盤與石磨棒
象徵收割農作物的喜悅

圖 6
磨盤長 52.5 公分，磨棒長 28.5 公分，河南舞陽賈湖出土，約西元前 6000～5500 年前。

圖 6 這一套專門去除穀物外殼的磨製石磨盤和石磨棒。磨盤的形狀都大同小異，是一塊前後端修整為圓弧狀的長板，扁而平整，有時候，長板的一端比另一端寬大；有時候，一端是平圓的形狀，另一端則是尖圓形。長板下總是有兩兩相對的半球狀突出小足。石磨棒的形狀就像一根擀麵棍，大致是接近磨盤的一半長度。

從發掘的數量來看，石磨盤和石磨棒應該是那時家家戶戶都有的用具。主要作用是把少量的穀粒放到磨盤上，雙手拿磨棒在穀粒上壓碾，去掉穀物的外殼，而取得其中的仁實。這種去殼方式只能完成少量的脫殼工作，很花費時間，而且穀粒也容易因為碾壓而跳動，掉出石盤之外，工作起來並不是非常的理想。雖然這個時期的農業已經脫離了初期階段，但當時人們仍然在山坡上小面積耕作，並以漁獵的收穫輔助生活上的需求，尚未進入完全以農業維生的階段。因此日常生活中，穀粒去殼的數量雖然不多，但食用量已足夠，石磨盤還足以應付生活需求。

然而，到了西元前四千多年西安半坡和餘姚河姆渡遺址的時代，人們的生活愈來愈依賴農業的收穫，每天消耗的糧食量增加，以石磨盤少量脫殼的方式已不符合經濟效益，也無法便利生活，所以不得不思考改良的方法，於是脫殼工具就改採效率較高的木臼和木杵，或石臼、石杵；之前提到的長板狀去殼工具就不再出現於遺址中了。

甲骨文「舂」字字形 ：雙手持杵，在臼中搗打穀粒，表現出一直持續在臼中進行去殼的工作。使用杵和臼來脫殼，雙手可以用力使勁，加速去殼工作的進度，在現代脫殼機械尚未發明前，這已經是最有效的去殼方式了。

釐 lí ＝ 釐

像手持棍杖撲打禾把，為有收穫之喜慶。

舂 chōng ＝ 舂

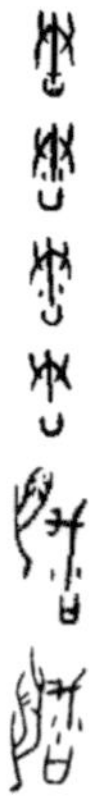

用杵去搗臼中的米粒。

第三章

樂器石磬象徵餘慶的好兆頭？

磬是一種扁平狀石板的敲打樂器。**甲骨文「磬」字字形**：手拿著木槌，敲擊懸掛著的石磬。磬的造型簡易，容易製作，質材便宜，操作簡單，聲調又悅耳，出現的時間理論上應該甚早。但是就目前所知的考古資料，最早的實物不早於西元前二千年，相較於六千多年前發現，較難吹奏的骨哨和陶塤，出現的時間都要晚得很多。骨哨和陶塤大概是因為工作的需要而製作，所以發明的時間較早。至於石磬，可能是因為順應較晚時代的特殊需求，所以製作出來的時間較

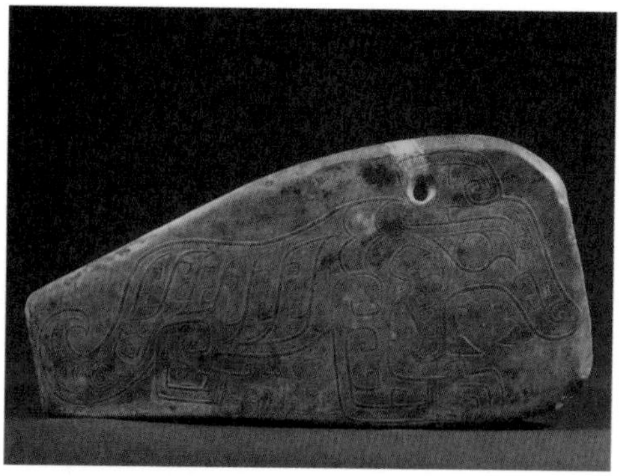

圖 7
石灰岩磨製虎紋石磬。長 84 公分，河南安陽出土，北京中國歷史博物館收藏。晚商，西元前十四至十一世紀。

晚。

石磬創造的時機在什麼時候呢？磬的聲波能傳得很遠，聽起來也不煩躁，後世的寺廟裡常設有磬具，用作召集人員。而先秦時代的隨葬品有石製的編磬，其地位往往高於造價甚高的青銅編鐘。早期製作石磬的時候，用意可能是警告敵人入侵的敲打器，由於擁有大量徒眾的貴族需要石磬，所以便作為位高權重者的象徵。石磬出現的時間大約在中國進入國家階段的時代，兩者之間恐怕有點關係。江淹《別賦》：「金石震而色變，骨肉悲而心死。」賦中的「石」即指「石磬」，反映到了後代，石磬仍然與軍事的行動有關。頻繁的戰爭是較晚發生的事情，所以石磬的使用晚於笛、哨。西元前二千年，中國正進入國家制度化，農業高度發展，為了爭奪資源而戰爭頻繁，這個時候製作召集人員的器具，也是合情合理。《禮記．樂記》說「君子聽磬聲，則思死封疆之

1《禮記．樂記》曰：「石聲磬，磬以立辨，辨以致死。君子聽磬聲，則思死封疆之臣。」陳澔註：其聲音罄罄然，所以為辨別之意。死生之際，非明辨於義而剛介如石者，不能決。封疆之臣，致守於彼此之限，而能致死於患難之中。

石灰岩磨製石磬

戰爭的預兆

圖 8

編磬，大件：鼓 37.4 公分，股 22.9 公分；小件：鼓 19 公分，股 10.8 公分。約西元前 550 年。石質呈灰白色，大小不一，整組為一套成組樂器，共十件。器表面光素無紋，在鼓與股之交角處即倨句，均開一個圓孔，乃懸掛於架上時穿過繩索使用。

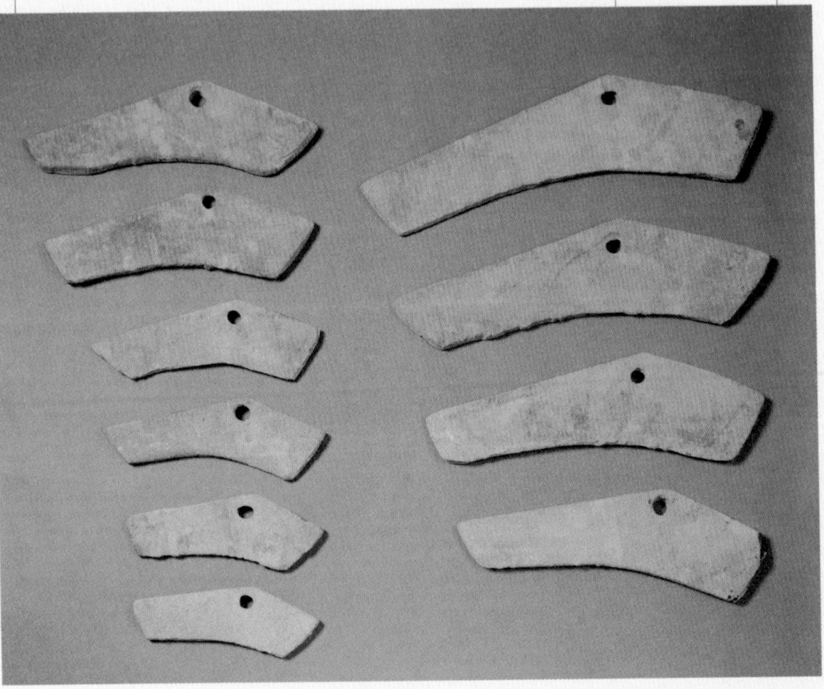

臣」[1]，聽到石磬的聲音，令人聯想到鎮守邊境的官吏，這裡的石磬同樣也呈現出軍事上的關聯。

磬的形制，早期以無棱角的三角形或多邊形比較多，形狀像挖土的鋤頭，因此創作的靈感來自於用鋤頭挖土地時敲到石頭，或人們歌唱而手舞足蹈時，偶爾敲擊到放置在牆邊的石鋤，而打擊出悅耳的聲音，於是就依照鋤頭的形狀製作敲打樂器。商代的石磬有時製作成規整的長方形，西周以後就大多製作成「有股（短邊）[2]有鼓（長邊）的倒 L 形」見圖 8 的固定形狀。

對於磬的樂聲，調整音調高低的方式主要是石磬的厚薄與寬窄。石磬的厚度薄，音調就變低，寬度窄，聲調就會變高。因此，想把音調降低，就要磨薄石磬的表面。想要升調，就必須把石磬的邊磨去一些。這種刮磨掉多餘部分的調音方式不但《考工記》上有記載：「已上則摩其旁，已下則摩其耑」，甲骨文字中也有反映出來。**甲骨文「攻」字字形** ：手持樂槌，敲打一件懸吊著的長方形石磬，石磬下方還有三個小點，表示被刮下來的石屑。刮削石磬的表面或兩旁而產生石屑，是石磬校音時的必然過程，檢驗音調時也有這種情況。校音是為了改善樂音的品質，所以「攻」字也常有引申義，即「預期達到更好的效果」。另外，不同於甲骨文「磬」字所展現的是演奏多件懸吊著的編磬，「攻」字是指石磬被單獨懸吊的情況。

2 股：不等腰直角三角形構成直角的較長的邊。見《周髀算經》：「故折矩，以為句（即勾）廣三，股修四，徑隅（即弦）五。」

早期的石磬都是單獨的特磬（單獨一件叫作「特」），晚商偶爾有三件或五件成組的石磬。到了春秋時代，演變到有十件以上、尺寸各異的成組編磬，各具不同的音調，可以演奏複雜的樂曲。曾侯乙墓隨葬的兩層磬架，就懸掛了三十二件石磬。

「磬」字的讀音與「慶」相同，商代已經幾次見到石磬雕刻成魚的形狀，除了美觀之外，可能還含有「餘慶」這種好兆頭的意思。圖 7 這件石磬裝飾了雕工精緻及圖案悅目的「陽起虎紋」。「陽起紋」是一種費工的琢磨法，必須把兩邊磨去而留下中間的線條；這是還沒有發明鑽鑿工具的時代，有效雕琢玉材的最高超工藝，到了周代，玉石上就開始出現繁複的刻劃圖案了。

攻 gōng ＝ 攻

手持樂槌，敲打一件懸吊著的長方形石磬，石磬下方還有三個小點，表示被刮下來的石屑。用刮削並敲打石磬的方式，來做調音的工作。校音是為了改善樂音的品質，所以「攻」字也常有引申義：預期達到更好的效果。

磬 qìng ＝ 磬

手拿著木槌，敲打懸掛著的石磬。

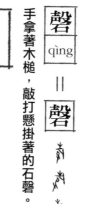

不成器

貳、貴族與儀式——玉不琢，不成器

第一章

有缺口的玉器叫做「玦」

環形而有小缺口的石或玉裝飾物統稱為「玦」。在新石器時代，玦大都發現於人頭骨的耳部，一般尺寸不大，應該是充當耳環使用。或認為玦是穿在耳洞裡使用，也有可能繫了繩子後，綁在耳朵上。此種形制延續甚久，後來也被當作佩飾的零件之一。因為語言假借的關係，歷史上曾經使用玉玦表示「決心」或「斷絕」的意思；最有名的例子在《史記・項羽本紀》，鴻門宴上，范增再三舉其所佩玉玦，暗示項羽要下定決心殺掉劉邦，但項羽終究下不了決心，後來反而被劉邦打敗。

圖 9 這件玉玦經過科學鑑定，是目前中國最早的真玉器。其上的紅色斑痕大半是由於幾

古人「以示決心」的玉玦

圖 9
外徑 2.8～2.9 公分，目前中國最早的真玉器。內蒙赤峰興隆洼，西元前 6200～5400 年前。

千年埋藏在地下，沾染了撒在人身上的硃砂，而把紅色硃砂撒在屍身上，是古時流血出魂的死亡儀式。在古人眼中，只要石頭的質料夠緻密與堅硬，可以琢磨出帶有光澤表面的東西都是玉。不過，今日科學定義的玉，只限於具有高硬度的輝石。東漢鄭玄注《考工記．玉人》說：「玉多則重，石多則輕。」古代在沒有科學儀器的情況下，這倒不失為一種可行的辦法，因為高密度的東西秤量起來會比較重，而玉就是組織緊密的礦物。

中國產玉的西部遺址罕見玉器，而不盛產玉材的東部文化反而常出現玉器，諸如河姆渡、大汶口、良渚、紅山等新石器遺址。因此可以想見古人使用玉器的重點之一就是因為玉的價格昂貴，不是人人用得起的物品。在盛產玉的地方，因為玉石不是珍貴的材料，所以才不被當地的人看重。

中國使用玉的演化歷史，可簡單區分為幾個階段：開始時只因為它美麗可愛，所以拿它來做耳飾或頸飾；進入分別階級的時代後，就用作表達貴族的身分，除了裝飾身體外，又製作為禮儀器具，把高貴君子的種種德性賦予在玉的身上。一旦流行於社會大眾，玉就不再具有特權的意義，反而轉化為避邪防身的功能。當社會不再重視玉的使用，玉就變成創造藝術品的材料，回到最初的裝飾功能了。

玉 yù ＝ 玉

繩子上串連了多片玉飾的器形。

第二章

表現甲骨文「昌」字的玉雕

圖10這件玉雕的形狀為一隻動物，在牠頭頂上有兩個大耳朵，耳朵的形狀是不太整齊的半橢圓形（有些會雕刻成斜掛在一邊的三角形耳朵）；這隻動物還有一對張開的圓眼睛（有的玉雕只刻出一道短窪線，似乎是表現閉眼或睡眠的狀態）；牠的嘴巴前凸，很像是豬的嘴巴；額前和鼻子的部位都有好幾道約略平行的長窪線，大致表現皺褶的臉部；牠的身子捲曲，幾乎與下頷相接，就像玉玦的小缺口，有的玉雕則在內部那一面呈現部分相連的狀態，也具有小缺口的形象。

這件獸首蟲身的玉雕是紅山文化遺址中常見的東西，但不見於中原的其他文化遺址。這件

玉製的防蚊項圈

圖 11
獸面紋異形黃色玉器，長 12.1 公分，遼寧阜新，紅山類型，西元前 3500～2200 年。下有鑽孔，用途不明。造形較之其他紅山玉器複雜。遼寧省博物館藏。

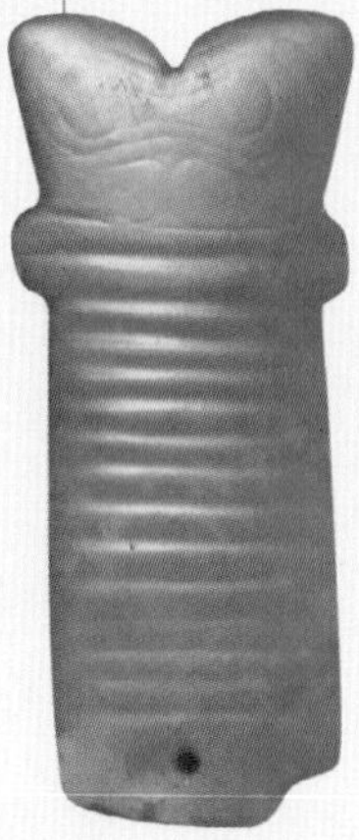

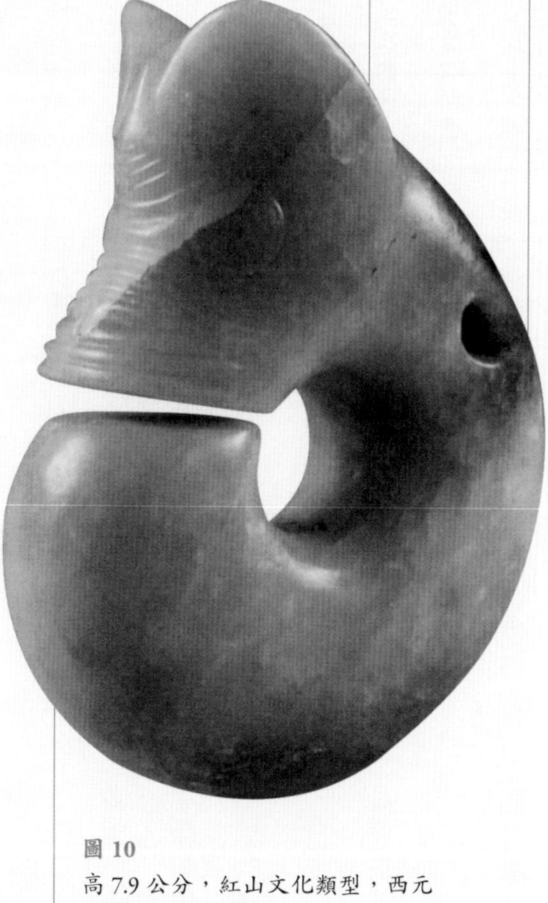

圖 10
高 7.9 公分，紅山文化類型，西元前 3500～2200 年。

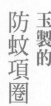

玉雕的形象雖然不像目前已知的陸上動物，但它對於當地社會必定有重大的意義，才會一再出現。這類玉雕的尺寸有大有小，小尺寸的玉雕七、八公分，大尺寸的長達十五公分，都有一個可以穿過繩索的鑽孔，成為佩帶的飾品。從出土的位置判斷，人們經常將這種玉飾一大一小佩戴在胸前，而非後來常見的佩帶在腰際的玉珮。

到底這是一隻什麼動物，是現實世界的動物？還是想像的動物？學者議論紛紛，有的學者說牠是龍，或者因為牠的頭部像豬，所以稱牠為豬龍。遠古的人比較不會做沒有根據的幻想，如此一再出現的東西，原先的造型一定是根據現實中的事物。

甲骨文「龍」字字形 ，尾巴一定跟頭部反方向。這個龍字的形象首見於河南濮陽一個六千多年前的墓葬，學者認為其原型為揚子鱷，所以這隻身上無鱗、尾巴捲曲且與頭部朝向相同方向的動物，絕不可能是龍。它倒像是**甲骨文的「肙」字** ：一隻頭部看起來很凶惡的動物，身子捲曲，身體跟頭朝向同一方向。在商代，這個肙字使用的意義為「蠲」字或「捐」字，意義為「去除疾病或災難」，甲骨卜辭如「有疾身，不其肙？」「妣庚肙王疾？」意思是：身子得了疾病，不能夠去除嗎？妣庚能夠去除王的疾病嗎？

《說文解字》中肙字的意義是「小蟲」。有些甲骨學者認為「肙」字描寫的是蚊子的幼蟲。

圖 12
碧綠岫岩玉角龍，高 26 公分，內蒙，卷曲如 C 形，與 S 形的龍有別。身體正中有一小孔，若懸掛，則頭下垂。紅山類型，西元前 3500～2200 年前。內蒙古自治區昭烏達盟翁牛特旗博物館藏。

為什麼古代的人會用蚊子的幼蟲表達去除的意義呢？理由是：蚊子叮人肌膚而吸血，不但會痛，也會傳染疾病，如果讓蚊子長成能夠飛來飛去的害蟲，就不容易撲滅，最好是在未成形的幼蟲階段就消滅牠，所以才會用「蚊子的幼蟲」去創造「消除」的意義。

圖 12 這件玉雕穿過繩索懸掛時，頭略微下垂，很像蚊子幼蟲寄生於水上的樣子。學者認為佩戴這種玉雕在身上，不但是為了裝飾，也有祈求吉祥與護身的目的。如果它確實是描寫蚊子的幼蟲，就有可能是此地的人曾被蚊子所苦，所以佩戴這件玉雕，祈求避免受到蚊子的傷害。能夠領悟到消滅蚊子幼蟲是去除蚊害的根本之道，算是紅山文化人的一項成就。

由於是在內蒙赤峰紅山後發掘到文化遺址，所以命名為紅山文化，科學測定遺址的年代約五千多年。此遺址不但發現到挖掘土地與穀類加工的工具，還經常發現牛、羊、豬的骨骼，可知農業的生產已占有相當的比重，與同年代中原地區的農業水平相當，並有定居的生活，這種生活方式可能從中原地區發展而來。尤其是遺址大量出現琢磨出細緻圖案的裝飾玉器，說明人們有閒暇及財富去追求舒適的居住環境與藝術的生活。遺址裡的巨大廟壇建築，也反映出豐沛的精神文明。

肙 yuān ＝ 肙

一隻頭部看起來很凶惡的動物，身子捲曲，身體跟頭朝向同一方向。

龍 lóng ＝ 龍

一隻頭部看起來很凶惡的動物，身體跟頭朝向相反方向。

第三章

可以治病的鳥圖騰？

圖13這件玉器雖然只是略具輪廓，但可以看得出是一隻展翅的鳥類。此玉器的成形方式只有「磨蝕」這一種方法，想必它的製作年代很早，是在有效的刻劃工具發明之前。在二十世紀初期，已經有很多件類似的鳥形珮飾被中國以外的博物館收藏，但都不知道它們的出土地點，當然也就不可能知道它們的製作年代。等到一九八〇年代，一再於東北遼河流域發現同樣的東西，才知它們與內蒙赤峰紅山遺址屬於同

鳥身人面的扁鵲起源？

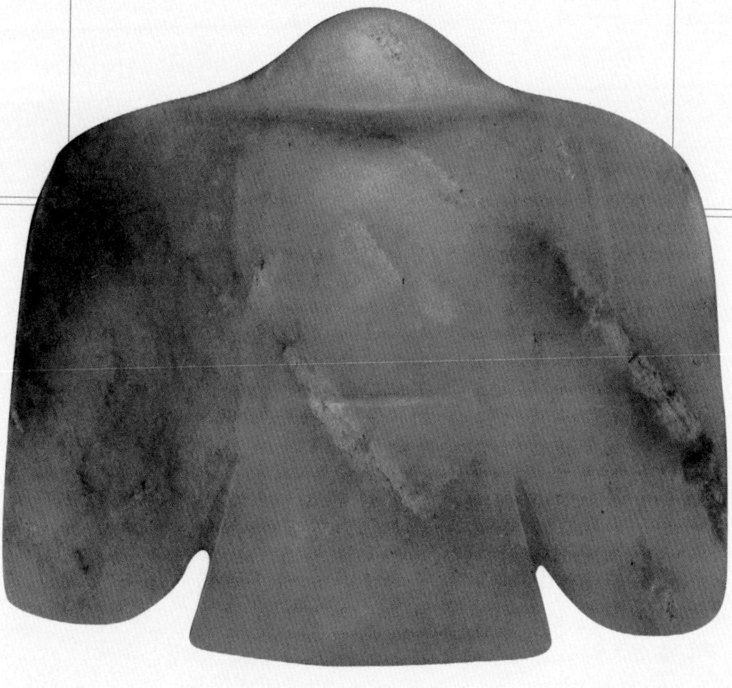

圖 13
高 5.1 公分，寬 5.9 公分，現藏加拿大皇家安大略博物館。紅山文化，西元前 3000～2000 年。

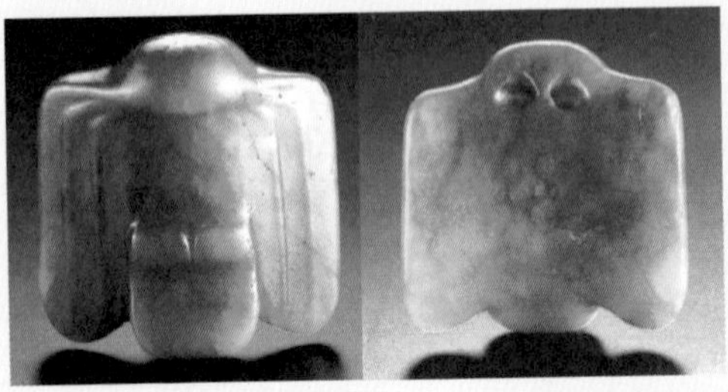

圖 14
淡綠玉鳥形珮飾，長 4.7 公分，寬 4.7 公分，厚 0.6 公分，新石器時代，紅山文化，西元前 3000～2000 年。

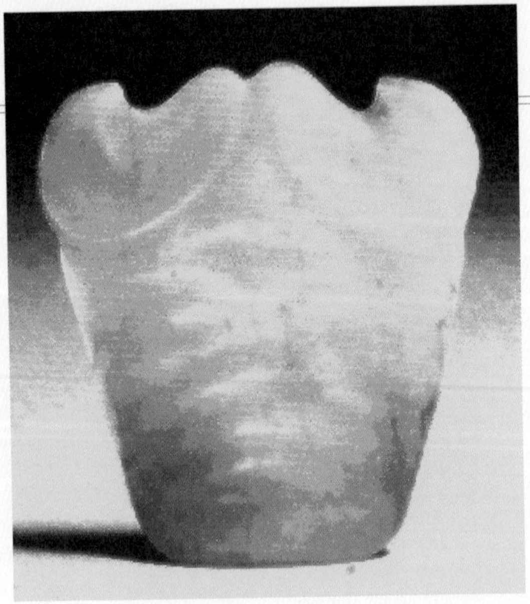

圖 15
牛頭形淡綠玉珮飾，高 5.9 公分，紅山類型，西元前 3500～2200 年前。背面有二對上下對鑽式的孔洞，可以穿繩繫佩。

一種文化類型，即紅山文化，碳十四測定遺址的年代為西元前三千五百年。不過，有學者認為，某些玉器出土的地層不同於經過碳十四測定年代的祭祀遺址，因此沒有確實的證據顯示這些各式各樣的玉器年代早於西元前三千年前。

圖13這件玉雕造型簡單，從整個雕像的比例來看，像是一隻大鳥而非小鳥。頭部有兩個小小的淺圓圈——一般推測，當時人們可能使用竹子一類的管狀物，在砂子和水上面，反反覆覆慢慢鑽成一個圓洞，代表眼睛；頭下突出的尖尖部分應該是鳥喙，從寬而尖的特徵來看，應該是屬於某種猛禽才會有的嘴巴。身體部分只用一條橫的凹線分隔成身軀與尾巴兩部分，尾巴的長度與身體一樣長，而身子兩旁展開一對寬而長的大翅膀，這兩樣特徵顯示出這是一隻善於在高空飛翔的鳥類。雖然玉器的尺寸不大，但卻給人龐然大物的感覺，雕琢得非常生動。為了呈現禽鳥的豐滿形象，玉雕不是完全平整，身體有弧度，呈現厚實的感覺。而且在雕琢翅膀的時候，用垂直的陽紋去呈現羽毛形象。陽起的紋線是種比較費工的繁複琢磨法，必須小心地把兩邊磨蝕掉，只留下中間的窄線條。而雕琢陰刻的線條，只需要反覆在表面上摩擦就行了。陽紋的雕刻技巧發展到商代就很成熟了。這件玉雕的質地雖然不晶瑩剔透，且含有三道明顯的雜駁斑紋，但反而增加欣賞的趣味，左右翅膀的黑帶斑紋，更表現出栩栩如生的羽毛形象。

從鳥頭後面所鑽鑿的小孔，可以看出這是為了穿過繩線，以便能夠佩帶的玉珮。這麼做是為了不妨害造形的美觀。有些玉器的上下部位各有鑽孔，應該是為了穿過繩索後，可以穩定展示玉珮的形象。這件玉珮可能佩戴在胸前，而不是繫在腰際，一如我們常在這個時代的墓葬中，見到人骨的胸前掛著玉豬龍。這個時代的人們似乎還沒有在腰際間佩戴成組玉珮的習慣，而在腰間繫上成組玉珮，通常是為了展現不需從事勞動的優雅形象，與象徵佩戴者的社會地位非常高貴。

玉石是一種貴重的材料，製作的過程也非常費時。紅山文化發現數量頗多的玉雕、玉飾，各件玉器的形象也有一致性，算是一處表現突出的新石器文化。當地人們既然有佩戴固定形式貴重物品的習性，就表示當時社會組織穩定，親族之間常有聯繫，生活有共同模式。

「鳥」在中國古代東方的社會具有非常重要的意義。傳說商代的始祖契，他的母親簡狄有一次在洗澡的時候，看到一隻玄鳥掉下一個蛋，就撿取鳥蛋並吞食之，沒想到竟然懷孕，生下了契。契的子孫後來建立商朝，就祭祀玄鳥，以牠為

圖 16
鉤雲形淡綠玉珮飾，長 22.5 公分，形態類似而多樣化，牛河梁，紅山類型，西元前 3500～2200 年。

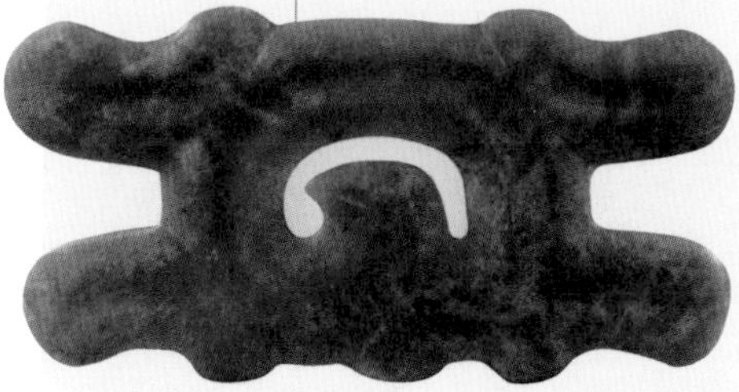

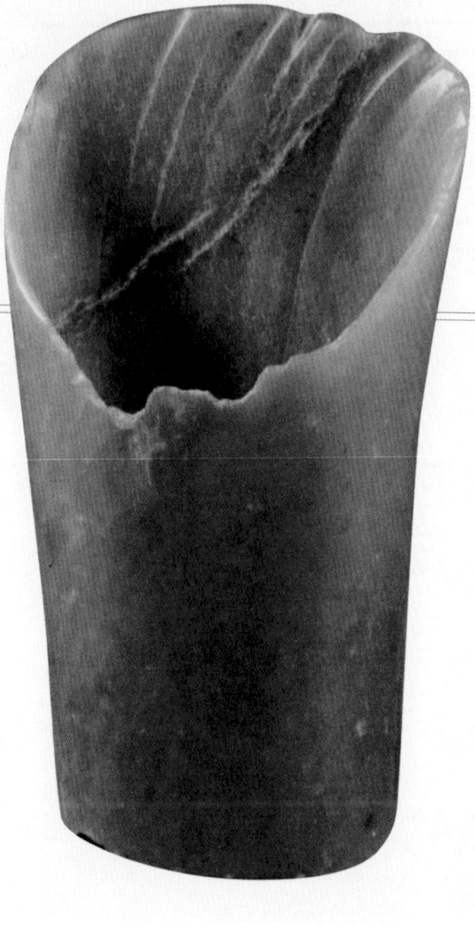

圖 17
馬蹄形淡綠玉器，高 18.6 公分，牛河梁，紅山類型，西元前 3500～2200 年。常出現在鄰近頭部的位置，下端平整，兩側有小孔，可能是束髮器。

圖 18
鐲形玉器，外徑 8.5 公分，牛河梁，紅山類型，西元前 3500～2200 年前。

創生的始祖神。統一中國的秦朝，原來也是起源於東北而信仰鳥圖騰的氏族，與紅山文化的區域相距不遠，很可能兩者有關係。有趣的是，中國的西方以大型哺乳動物為圖騰。中國醫術傳統分為東、西兩方，西方重草藥，信奉牛頭人身的神農氏，有「藥獸」傳授人類使用草藥的傳說；東方則有鳥身人面的扁鵲使用砭石、針灸治病的傳說。

疾 jí = 疾

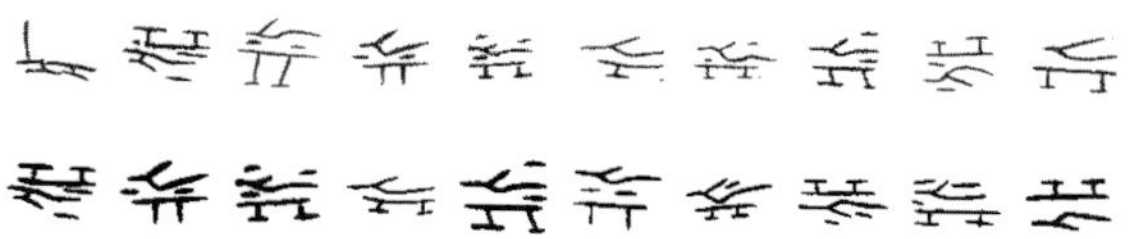

早期甲骨文：有兩個字形，一是一個人生病了，躺在床上的樣子。另一是身上中箭之狀。

第四章

鉞是王權的象徵

鉞與斧的形狀相同，但名稱不同，然而都是以縱直面為打擊重點的工具或武器。後來習慣稱呼砍伐樹木的為「斧」，處罰罪人或代表威權器具的為「鉞」。圖 19 這件玉鉞由三個部分組成，主體為鉞，上端為木柄的冠飾，下端為木柄的端飾，上、下端的裝飾零件可有可無。

圖 19 這件玉鉞之所以廣受注意，在於鉞的左上角刻了一幅淺浮雕的圖案：戴羽冠的人騎在一匹野獸上。同樣的圖案也見於另一件玉琮。線條纖細、圖案複雜詳細，都是前所未有的。古代使用的雕刻工具不可能在堅硬的玉石上刻劃綿密的線條，所以其他地方的玉器只有簡單的紋飾。唯有良渚文化的人們發現經過高溫的火燒烤之後，玉材就會軟化，可以在上面刻劃線

條。這件玉鉞也用同樣的手法完成了雕刻。除了神獸複合的圖案以外，左下端也刻了一隻浮雕的鳥兒。在鉞的右邊中間部位鑽了一個孔洞，應該是為了捆綁木柄所做的設計。這個孔洞很小，只能穿過細繩，捆綁起來可能不是很牢固，從這個特徵判斷它不是一件實用的器具。

整體來看，這件玉鉞磨製得非常精緻又光潔，既

鉞
處罰罪人的權威器具

圖 19

玉鉞高 17.9 公分，刃寬 16.8 公分，厚 0.8 公分。木柄已腐化，全長約 80 公分，浙江餘杭反山出土，現藏浙江文物考古研究所。良渚文化，西元 5300～4200 年前。

沒有鋒口，也沒有使用的痕跡，在腐爛的木柄處，還可以看到硃砂的塗痕，以及鑲嵌的百餘顆小玉粒，全長約八十公分，單手把握，是一把非常珍貴的象徵性禮儀用器。從以上的特徵，這把玉鉞的主人身分大致已可確定為掌握政權的王者。再根據墓葬的位置，此玉鉞握在墓主人下垂的左手中，可以從文獻上印證墓主的身分。

《尚書．牧誓》描寫周武王

圖 20

圖 19 刃角兩面的對稱位置上，各雕琢有圖像：上角為神人像和獸面紋組合的神徽，頭戴羽冠，四肢俱全；下角為鳥紋。良渚文化中，僅此鉞有此裝飾，被譽為「鉞王」，鉞本來是武器，但此玉制的鉞質地易斷，非實用武器，而是儀仗用品。

於克服商王後，「王左杖黃鉞，右秉白髦以麾。」《詩經．長發》詠懷商湯克夏，也有同樣的「杖鉞」、「秉髦」的描寫（《詩經．商頌．長發》：「武王載旆，有虔秉鉞。如火烈烈，則莫我敢曷」）。說明王者左手拿鉞的傳統起碼可追溯到距今四千多年前。

社會有了階級之分以後，才有身分比別人高的王權。根據中國的傳說，四千八百年前黃帝戰勝炎帝，統一天下之後，開始創立制度，製作不利於打仗的垂地長衣裳，服飾上的費工刺繡，主要是為了向人民宣示未來將不再有戰爭，可以放心修養生息。製作這件玉鉞的時代，約與黃帝同時或稍後，此時部族之間的爭執已經擴大，不但有戰爭，也有處罰的行為，族長就是掌握刑法的人。我們可以想像良渚王的打扮：頭上戴著裝飾羽毛的帽子，身穿有刺繡的長衣，胸前掛了一串玉飾，左手拿著這把玉鉞，右手舉著白旗，意氣風發地指揮。

良渚文化是近數十年來才發現的重要文化類型，由於在浙江餘杭縣良渚遺址發現，而取名為「良渚文化」。範圍大致在浙江北部至江蘇南部一帶，年代介於西元前三千三百年到兩千兩百年之間，人們已經開始全年經營稻作的農業。此遺址的陶器雖然也有特色，但最著名的是大型墓葬裡的隨葬玉器，這個遺址的出土玉器質地佳美，且數量又多，是前時代的遺址從未有過的類型。曾經發現過一個墓葬的出土玉琮、玉璧竟高達五十七件。從超大型墳墓挖掘出來的玉器竟然都是真玉，而較小型的墓葬就混雜了假玉；這種情況說明當時不但有埋葬等級的制度，也有辨別玉器質量好壞的機制。可能當時的社會已朝向國家組織的路上邁進，不是樸素的氏族社會了。有學者認為良渚社會存在大量的非生產性勞動，例如製作這種遠地輸入的玉器，就占了社會一部分的支出，這種追求享樂的社會風氣可能使良渚社會的調節能力逐漸喪失，最終導致良渚

文化走向滅亡。

戉
yuè
＝
戉

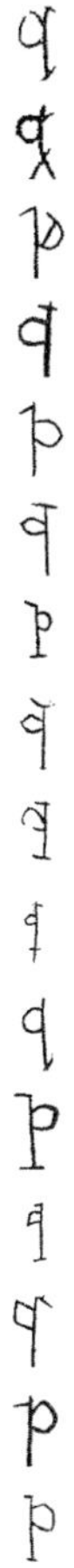

有柄的寬弧刃的重兵器形。

第五章

玉琮上的神人獸面紋反映甲骨文的「美」字

圖21這種有孔的方柱形器物，學者認為它就是《周禮．大宗伯》「以蒼璧禮天，以黃琮禮地」的琮，因為形狀外方內圓，正符合中國古代「天圓地方」的思想。但是這種器物都見於墓葬，曾在一次發掘中，發現墓中屍骨的四周有三十三件大玉琮圍繞成頸飾的樣子，顯然作用不是祭祀土地的神靈。但玉琮頗重，像圖21的這一件，竟重達六．五公斤，沒有辦法使用為頸飾。至於其他各種猜測，例如：用作車輪的轂孔、祖先神主牌的覆蓋物、觀測恆星的儀器等等，也都被一一駁斥。因此它的真正用途，恐怕一時之間還無法下定論，但費心用高價的材料製造這類毫無實際用途的東西，絕對是與宗教信仰或威權有密切的關係。宋代以後的人仰慕古代，文人學士也常以其他的材質製作琮形的器物，作為擺設的觀賞用途。

頭頂羽戴的神人獸面紋 象徵靈魂上天

圖 21
高 8.8 公分，長寬 17.6 公分，孔徑 4.9 公分，重 6500 克。浙江餘杭出土，良渚文化，約西元前 3300～2200 年前。

玉琮首見於山東大汶口文化。而盛行於良渚文化。從山東沿著海岸線，一直到廣東各地，都有發現，基本上是屬於東文化圈的器物。出土的玉琮尺寸，小至二．五公分的類似琮的小管珠，大至五十公分長。琮的形式從一節到十九節不等，每一節的角落都裝飾或繁或簡的顏面花紋。繁複的花紋上有清楚的眼、鼻、口形狀，簡單的花紋就只剩下兩個圓圈。玉琮的形制都是下部略小於上部。如果不是這樣，就一定是不了解形制的後代人所仿製。

在圖 21 這件玉琮四面的豎槽內，各雕刻了兩組神人獸面紋，它跟同墓出土的玉鉞，擁有一模一樣的紋飾，由於刻劃的線條過於細淺，很難從圖版看到細部。根據報告者的描述，上半部為頭戴羽帽的神人像，下半部為野獸的形像。如圖 22，這隻神獸有瞪得圓圓的特大號眼睛、寬廣的鼻子、露齒的嘴巴、蹲曲狀的粗壯腿腳，每隻腳還露出三隻利爪。頭戴羽帽的神人雙手向下按著獸首，看似騎著神獸的樣子。騎野獸的圖案在早期社會可能有「攜帶靈魂上天」的意味。到了漢代，仍然保留騎駿馬上天的思想。

早期由於鑽磨琢刻的工具尚未發展成熟，很難在玉器上雕琢出繁縟的圖紋。新石器時代的玉器大多素面且沒有紋飾，或是蝕磨兩旁而留下簡單的凸起線條。良渚的琢玉工匠發現，經過高溫燒烤後的玉色不但變白而純淨，質地也軟化，從莫氏六至六點五的硬度軟化到三度，就比較容易刻劃精細的條紋了。圖 21 這件略帶紫紅斑的變白玉雕不但質量厚重，整體的結構工整，構圖也和諧而巧妙，線條細膩，用淺浮雕與線刻兩種技法雕成，應不是一般的玉匠所能製作，大概是技巧熟練的資深工匠為戴羽帽的大氏族酋長所製作。

圖 23
十九節蒼綠玉琮，高 49.7 公分，山東，大汶口文化，西元前 4300～2500 年。刻大汶口旦字同形的符號。

圖 24
三節變白玉琮，顏面紋飾稍比上例複雜，反山出土，高 10 公分，孔徑 6.6 公分，西元前 3300～2200 年。浙江省文物考古研究所藏。

圖 22

圖 26
雜質棕玉琮以及花紋的拓本。
寬 7.9 公分。

圖 25
六節雜質綠玉琮，高 15.7 公分，上長寬 7 公分，下長寬 6.6 公分，西元前 3300～2200 年。

圖 27
三節綠玉琮，不經燒烤，帶有混濁與黑紋，紋飾簡化如一般式樣。良渚類型，高 9 公分，西元前 3300～2200 年。

圖 28
單節變白圓玉琮，反山出土，高 4.5 公分，西元前 3300～2200 年。

圖 29
山形變白玉飾，高 5 公分，上有孔洞，可能插羽毛之用，神獸複合圖像即戴有羽冠，到周代尚有戴羽冠玉珮。西元前 3300～2200 年前。

頭戴裝飾羽毛的帽子可以增加美感。**甲骨文「美」字字形**：一個人的頭上戴著高聳彎曲的羽毛，或是戴著類似的頭飾。從舊石器晚期以來，人們就曉得借用其他東西來裝扮自己，時代越晚，裝飾的花樣也就越多。到了有貧富差距、階級區別的時代，人們就以罕見的飾物表現高人一等的身分，因此高聳的帽子也自然演變為地位的象徵物之一。譬如北美的印第安人，酋長的羽毛頭飾就遠比其他的成員豐盛。人們也往往因為過度誇張裝飾物的象徵作用，而損害了其實用性。

圖 30

山形戴羽冠紋變白玉飾，高 4.8 公分，寬 8.5 公分，瑤山七號墓出土。良渚文化，西元前 3300～2200 年。

美 měi = 美

一個人的頭上戴著高聳彎曲的羽毛，或是戴著類似的頭飾。

第六章

貴族挽在頭髮上的玉梳

圖31 透雕冠狀變白玉梳柄的形狀：正面的中央部分高聳突出，上端中間又凸出形成三角尖。兩側作稍低而略為上翹的平台狀，其下邊內折、弧收而成為下邊有階梯式的根部。在最底部的寬短榫座上，都有三至五個的鑽孔。整件文物的輪廓有如平伸雙臂站立的人，又如張開雙翼的王冠。由於它們出土時都在墓主屍身的頭頂附近，所以大都以為是皇冠上的裝飾物，孔洞的作用主要是為了縫繫於帽子上。這種推論看起來很合理。

張開雙翼的王冠

貴族的象徵

近年在浙江海鹽出土了一件

圖 31
長 7.1 公分，浙江餘杭反山出土。良渚，西元前 3300～2200 年。

玉柄象牙梳，請見本書第七十四頁圖 32，這件梳子的玉柄是另一種常見的玉冠飾，出土時嵌於象牙梳的頂端，以兩枚橫向的銷釘固定住。這件良渚文化的梳子解決了懸疑多年的問題，所謂玉冠飾的功能問題，答案終於揭曉了。通過這個新發現可以推測，圖 31 這件玉柄梳子的材料是木、竹一類容易腐爛的東西，梳子的上端鑽有孔洞，跟榫座上的小孔對應，以便穿過繩線綁牢梳子的玉柄。

圖 31 這件透雕玉梳柄的製作

圖 32
玉背六齒象牙梳，通高 10.5 公分，玉背頂寬 6.4 公分，象牙梳頂寬 4.7 公分，厚 0.6 公分，浙江海鹽出土，海鹽縣博物館藏。良渚文化，西元前3300～2200 年。

非常費工，就算花上一年的時間也不必驚奇。這塊玉柄已經不是原來的顏色。玉是石頭中非常堅硬的一種，古代只能使用蝕磨的方式慢慢雕琢玉器。在良渚時代以前，絕大多數的玉器都是素面無紋的，偶爾才有簡單的線條。但是良渚的玉匠卻有辦法刻劃細緻複雜的紋樣，那是因為良渚的玉匠發現了一個讓玉變軟的方法。軟玉的硬度介於莫氏六至六點五度，經過高溫燒烤之後，石頭的顏色變白，硬度可降到三度多，就比較容易加工。這件玉器的顏色已經變白，顯然用火燒烤過。

製作玉器的第二步，是把玉片切薄並且琢磨成外廓的形狀。雖然也費工，但難不倒古代的玉匠，在還沒有發明進步的工具以前，只需在平面上慢慢的蝕磨。最後一個步驟應該是刻劃線條。工匠應該事先已設計好雕刻的線條，甚至也畫了圖樣。圖 31 這一件器物上的兩面紋飾相同，並且對稱，用陰線雕刻神人獸面像。中間的主要紋飾，則比照當時的較寫實圖樣，可能是圖案化的獸面，最上一部分是額頭，之下的圓圈和兩個半月代表鼻子，兩旁是眼睛，下面是嘴巴和下頷。這個主題畫面的兩側各有一個頭戴羽冠的人像，側身側臉而左右相向。它們可能作為主題的耳朵部分。最後一道步驟是鑽孔完成透雕，去掉不要的部分。

最困難的部分是雕刻線條。從放大的照片可以看出線條的邊緣有非常短又細的鋒芒，推測它是在玉片上放置類似石英砂的高硬度細粒，再用細竹尖沾水，反覆在玉片上摩擦，慢慢地讓石英砂磨蝕掉表面，最終形成凹下的線條。每條線都要反覆摩擦上千百次，才能在表面上顯露出鋒芒。

圖 31 這件玉柄梳的主要功能是「展示」，所以才會用如此費工的方法在兩面磨蝕同樣的圖案。在良渚的墓葬中，玉柄梳經常伴隨多件的玉柄笄。有些玉柄笄的端部上還有鑽孔，再從孔洞中繫綁繩線，可以想像裝扮者盛裝的模樣，這些人在社會中當然屬於貴族階級。這個遺址的男性墓葬的隨葬品豐富，而且還有隨葬權威象徵的玉鉞，可以瞭解這時已是男性主導的社會，婦以夫為貴的時代了。

第七章 上流貴婦的氣派象牙梳

圖 33
象牙密齒梳，長 16.9 公分，西周，約西元前十一至十世紀。

貴重的象牙梳 貴族婦女的美麗裝飾

圖 34
高 16.2 公分，寬 8 公分，山東泰安縣出土，中國歷史博物館藏。大汶口文化，西元前 4300-2500 年。

圖 34 這件十七齒的梳子是用象牙製成的。在中國，象牙一向都是貴重的物資，從這件梳子的造型可以看出，它的重點不在於梳頭髮而在於展示，所以在齒上有大面積的裝飾圖案。梳子的面較厚，齒的部分稍薄。頂邊還刻出四道三角形的缺口，下面是三個透空的橫列圓孔。圓孔以下是主要的紋飾，在透雕的框線中，上面是一道長橫線，兩旁是縱行的不連續三道直線，用十五組平行的透雕短線構成了類似阿拉伯數字八的圖形，並在兩個圈中透雕 T 字紋。

這件梳子透露很多訊息。細密而長的齒說明是為了繁密的長頭髮而設計，而且是要梳得非常的整齊順暢。密齒的梳子不一定只有婦女才使用，古人少沐浴，留長髮較容易長虮虱，因此要用密齒梳來清除，所以留長髮的男士也可能使用它。但是，梳子的柄部一般只要能夠拿在手中就可以了，現在卻有十一公分的高度，顯然主要目的是在於展示，是可以讓人欣賞的，因此它是插在頭髮上，是女性才會使用的器物。加上它是以貴重的象牙製作，所以當然是屬於貴婦人的器物了。這件梳子的墓中還發現象牙筒，隨葬品也非常的豐盛，都見證其貴族的身分。後代不以梳子展示富貴，所以梳柄的面積都不大。

密齒髮梳是貴族的象徵，所以**甲骨文的「姬」字字形** ，左半是一把梳子的形狀，右半的每字，本義是豐美，作一位跪坐的婦女頭上插有許多支髮笄的樣子。在幾個商代的墓葬中，

曾發現婦女頭部周圍遺留超過十枝髮笄的情形。姬字的意義是貴婦女，顯然是以頭髮上插有密齒梳子表達意義，比只有插髮笄的人身分更高。商代出土的骨笄數量上萬，但梳子的數量卻寥寥可數，反映使用梳子的人身分之高。

還有，三個圓孔應該是為了繫綁東西而設的，讓人想起另一個**甲骨文「敏」字**，作一手在打扮一位婦女的頭髮的樣子。要裝扮漂亮，需要巧手才能勝任，所以有敏捷、聰敏的意義。頭髮除了條形的笄、板形的梳、筒狀的箍以外，還可以裝飾各種珠玉、貝蚌等美麗的東西。**金文的「繁」字**，作一位婦女頭上裝飾有絲帶以及其他飾物的樣子。因為頭髮或頭帶上所綴的裝飾物多樣，所以有繁多的意義。因此這件梳子的孔洞大概綁有色彩豔麗的絲帶，甚至鈴子一類的東西，商代的墓葬曾見頭上繫有鈴子的現象。服侍的人群前呼後擁，髮上裝飾多彩的梳子，走起路來鈴鈴聲響，當是多麼的威風。

中國傳說神農氏作篦。篦即密齒梳子的正確名稱。神農氏是發展農業的象徵，人們對於環境下了投資，開始有產權以及領域的觀念，社會漸有貧富以及階級的分別，有人可以不從事生產而享受別人的生產成果，服裝也起了區別的作用。長髮不利於勞動，是貴族的形象，這把梳子讓我們了解距今四、五千年前的大汶口文化已進入階級時代了。

姬 jī ＝ 姬

・以密齒髮長梳裝扮的貴族女性。

・頭髮上穿插密齒的長梳子表意，比只插髮笄的人身分更高。密齒長梳子的材料往往是貴重的象牙或美玉，也總有意在展示的繁縟圖案，且比梳齒部份大很多，表明其製作的重點在於展示勝過實用。

敏 mǐn ＝ 敏

一手在打扮一位婦女頭髮的樣子。

陶甄萬方

參、日常生活用具——弘濟區夏，陶甄萬方

漢代以前流行的陶器

漢代以前流行的陶器

泥土經過火焰的燒結，稱之為陶。地上普遍存在泥土，而且泥土會髒汙其他東西，並不是人們寶貴、器重的材料。但是一經過火的洗禮，卻能巧妙變成可以盛裝食物、裝飾環境的器具，以及用於建築家居等等，是有用的東西。人類雖然在幾十萬年，甚至百萬年前就能夠控制火，但卻在知道用火很長時間後，才學會燒造陶器。中國是世界上最早燒製陶器的地區。江西萬年仙人洞出土的陶片，根據碳十四的年代測定，約在西元前一萬五千年加減一百九十年。這個數據如果經過樹輪年代的校正，更可以提早到西元前一萬八千零五十年至一萬七千二百五十年。使用陶器的時間還在發現栽培稻米之前，差距約有好幾千年。從年代來看，陶器起源的機制似乎與農業無關，而是跟採集、漁獵的經濟發達有關。

爲了盛水才發明陶器

陶器最初發明的時候，當是以盛水為主要目的，後來才漸漸擴充到煮食、盛食、儲藏、建築、裝飾等其他用途。由於陶器有盛水的功能，人們不必太靠近河流居住，擴大了人們活動的範圍，更進而讓人們發現，距離河流較遠而地勢較低窪的地點有泉水湧出，可以提供生活必需的用水。人們終於能夠在廣闊的大地建立村落、都市。中國有神農氏耕作而創造燒製陶器的傳說，大概是因為陶器有利於人們過定居生活，人類的文明能進一步提高，所以有人就以陶器的使用，標誌人們告別舊石器時代而進入新石器時代。早期陶器的質地比較容易破碎，適合定居的農業生活，而游牧民族還是以皮袋裝水比較方便；所以，陶器業的發展好像與農業比較密切關聯。

燒造陶器的主要材料是黏土。**甲骨文的「土」字** ，畫成一堆土塊的樣子。其中有些土塊作上下尖而中腰肥大的形狀，有的還加上幾點水滴。乾燥的土堆是鬆散的，要包含相

當的水分，才能夠使泥土凝結成柔軟的塊狀，進一步捏塑成想要的形狀。也只有黏土才能塑成中腰粗大的形狀。陶器是古代人們生活所不能缺少的日常用具。因為只有黏土才能夠捏塑陶器，推測古人創造「土」字的用心，很可能就是基於它可以捏塑並燒結成形的價值吧。

各地區的陶器自成一格

陶器中，以日用品最多，破碎而丟棄的情況也最多，而且因為陶片不會腐朽，所以普遍見於遺址中。因為各工匠燒造陶器所使用的材料、掌握的技術、個人的作風、社會的要求等皆有差異，因此各地區燒製的陶器各自有不同特色，這種特色成為辨認各民族、各時代文化不同面貌的理想指標。所以辨識陶器是考古工作的一個重要項目。陶土成分的化學分析，也有助於探明原料採取的地點，從而研究氏族之間交往的關係。

雖然泥土都可以燒造陶器，但是成品的質量卻有很大的差別。新石器時代以來的人們已能有意識地精選材料，用多次在水中淘洗的方法，除去泥中的砂粒、草根、石灰等雜質。作為烹煮用途的陶器，也可能於發明不久以後，就領悟到「摻雜細砂於陶土之中，就有加快傳熱的功能」，並且不會因為溫度驟冷的收縮而導致陶器破裂。

陶器最早是在露天燒造，但這種方式燒成的陶器火候低，燒結不完全，完成後的陶器質地脆弱並且容易碎裂。距今八千年前的中國也已出現橫穴式的陶窯，但火焰要經過一段上升的通道才能接觸陶坯，熱量會在傳導中散失，不利於提高窯內的溫度。後來改良成豎直式的陶窯，火焰就可直接透過火眼接觸到陶坯。西元前五千四百年的細泥紅陶，燒結溫度已到達攝氏九百三十度。西元前三千年的灰陶，燒結溫度更達到九百九十度。商代後期有煙道的陶窯，又將溫度提高到攝氏一千二百度。這種提供高溫的陶窯，想必對於冶金業的發展有很大的幫助。

中國超過一萬年的新石器遺址主要在華南地區，這個地區在一萬多年前發展農耕文化。因為氣溫大幅度上升，不再適宜居住，人們被逼往北方遷移。遷移路線大致可分為經由陸路到達華北地區，及沿海岸線北上到達東海岸地區。所以這兩個地區的早期文化面貌很相似，越到後來，兩地文化面貌的地域性差異就愈來愈大。陶器的差異也是如此。

商代前後的陶器

商代以前的陶器有紅、灰、黑三種質地。紅陶是由氧化焰燒成的，灰陶是由還原焰燒成的。「氧化」是物質的原子失去電子的化學反應：物質跟氧原子化合的過程，陶土裡的鐵與氧合成後，就變成紅色的氧化鐵。「還原」則是物質的原子獲得電子的化學反應，也就是物質與氫化合或者失去氧原子的過程。含氧化鐵的紅陶，如果氧原子被抽離而還原了，就變回原先鐵的灰色。黑陶則是在燒焙的後期，用煙燻的方法進行滲碳作用，使得陶器變黑。有的黑陶還在放進窯室之前，多一道費工的程序，用鵝卵石在半乾燥的坏土上打磨，使器物的表面變得平滑，而且帶有光澤，那是屬於東方龍山文化的少量特產。西部自仰韶文化發展下來的一系列文化，則是在紅陶的表面上彩繪紅色或黑色圖案，與東文化圈有很不一樣的傳統。一般說來，時代越晚，陶窯的構造越進步，紅陶的燒造就越少，而比紅陶優質的灰陶就愈來愈多。

商代還發展了燒製硬陶的新技術。商代陶器的原料主要是矽酸鋁，它吸水後具有可塑性，在乾燥時又能平均收縮變硬，高熱後則質地愈收縮而更堅硬。其中有少數陶器還塗上石灰釉。這種燒成薄層的釉彩，如果再加上高溫的燒結，完成後的陶器就會變成較深的灰白色，含有少量的玻璃質。這種陶器吸水率低，輕叩之，聲音悅耳，於是成為之後漢代青釉硬陶以及青瓷的雛形。

第一章 用木陶拍來製作陶器

泥土經過火的燒結而製成的東西稱為陶器。人類雖然在幾十萬年前就能夠控制火，但人類卻是在知道用火很久之後，才學會使用陶器。從考古證據來看，中國江西萬年仙人洞出土的陶片是目前所知的最早例子，超過一萬五千年了。

陶器的材料是黏土。**「陶」字**  在商代的陶片上出現過一次，一位蹲坐的人，手拿著木拍一類的製陶工具，在一塊黏土上塑型的樣子。周代的金文多見此字，已簡化人的形

甲骨文「」（陶）字中的製陶工具

圖 35

兩面刻紋的木陶拍。面長 6～7 公分，寬 5～6 公分，厚 1～2 公分，把長約 13 公分。江西鷹潭角山商代窯址出土，商代中到晚期，約西元前十五至十一世紀。

圖 36

袋足陶內模。西安斗門鎮出土，陝西龍山文化，西元前 2300～2000 年。

狀，並且陶拍脫離人形而寫作。

圖35這兩件有花紋的木器，具有共同的特徵，紋飾都在一端，沒有紋飾的部分都是窄長的形狀，可當作把手，使用起來比較方便。由於它們是在窯址裡發現的，所以可以確定它們都是陶拍。陶拍的作用約有幾個：一、它可以拍打陶器的表面，使質料更為堅實。二、有的陶拍被做成圓筒狀，可以套在手指上使用。三、在轉輪製陶發明後，窄長的陶拍也可以伸進器物中，藉以拉高陶器的高度。還可以像圖35的這兩件陶拍，在木拍上刻劃花紋，把有花紋的那一面壓印在陶器的表面上，增添美觀；也可以連續壓印，節省陶器製作的時間，有助於推展商品。此外，還有些用具可以用來加速陶器成形的時間，例如圖36的袋足陶內模，使用方法如下：把泥土包覆在內模的周圍，抽出內模後，就成了一件中空的袋足。從這件用具，可以推測陶鬲（見本篇第十章）的成形方法如下：分別製作袋足與器身後，再把袋足和器身黏合起來，成為完整的陶鬲。

圖 37
套指陶拍，長 8.5 公分，西安客省莊出土，陝西龍山文化，西元前 2300～2000 年。

圖 38
陶墊，江西鷹潭角山商代窯址，商代中到晚期，西元前十五至十一世紀。用以墊高陶坯使不接觸地面。

圖 39
陶支座，江西鷹潭角山商代窯址，商代中到晚期，西元前十五至十一世紀。用以墊高陶坏使不接觸地面。

土 tǔ ＝ 土

・一塊可塑造的黏土。
・有些畫作上下尖小而中腰肥大的土堆形。
・有的字形還加上幾點水滴。

匋 táo ＝ 匋

・一人以陶拍製作陶器之狀。

第二章

爲什麼甲骨文具字和鼎的使用有關？

從圖 40 這件陶器破裂成多塊的情形來看，可以判斷它的質料不是很堅實。這件器物出自華北新石器最早期的遺址之一，這個時期以河南新鄭的裴李崗遺址為代表，稱之為裴李崗文化。碳十四校正年代可早至西元前六千年。裴李崗遺址的所在地高出現代河床約七十公尺，早期的文化層不厚，因此估計延續至大約西元前五千五百年。這時的生產水平已經脫離農業的初期階段，很可能是華南的人們因為氣溫急遽上升，北上前來尋找氣候適宜定居的地區，並帶來農耕的知識。考古學家不但在遺址中發現碳化的小米，也發現到穀物加工的石磨棒和磨盤。這個遺址的人們居住在圓形或方形的半地下式穴居，面積約為圓徑二・二公尺至三・八公尺之

可以用來表示「圓」字意義的陶鼎

圖 40
三足紅陶鼎，裴李崗文化。高 14 公分，口徑 17 公分，河南舞陽賈湖出土。約西元前5800年前。

間，屋子裡頭有燒煮食物的灶址，大都設在門口的地方。

這個時代的灶，其實只是一處專門燒飯菜的地方而已。圖 40 這件有三隻腳的燒食陶器，名稱為鼎。其他可用來盛裝的陶容器包括了：敞口深腹罐、圈足碗、圜底缽、小口雙耳壺等等，都是用手捏製而成的。大型的器物使用泥條盤築法製作：用手把黏土搓成長條狀，一圈圈圍成器物的形狀，再用手抹平表面。使用橫穴式的陶窯燒製陶器，燒結的溫度約攝氏九百至九百六十度，以氧化焰燒成，有紅褐色砂質陶和泥質陶，罕見灰陶。陶器的質地疏鬆，不見有彩繪裝飾。此時由於生產力不高，隨葬品一般也不多。

圖 40 這件鼎的質料是陶土，後來也有用金屬甚至是玉石來製作的。用水煮食的演進過程，最先是燒熱石卵，然後放進容器裡頭，透過水來傳遞石頭的熱度，慢慢把食物燙熟。後來發現陶器有傳熱的功能，於是改良烹煮的方法，用火從外頭燒烤陶器中的水。一開始是架設幾個石塊於鍋底，把陶鍋平衡好，後來才進一步改良，設計了陶製的支腳，最後為了一勞永逸，就把陶鼎的支腳連接於器身，從此固定了鼎的形制。

陶鼎底下的支腳如果太短，會造成空隙太小，在鍋子下面起火燒煮食物，就變得很不理想。距今七千五百年前，支腳開始設計得比較長，讓人容易在支腳下的空間添補柴木，生火燒食菜餚變得比較簡便。但是周代之後，鼎又兼有陳列器的作用，所以支腳不需太長，因此又產生了一些支腳非常短的鼎。

從陶鼎剛開始使用到周代的七、八千年間，中原地區一直保持「以鼎炊煮」食物的習慣，所以**甲骨文「具」字字形** ：雙手自鼎上提起，或從下捧舉一個鼎的樣子。因為家家戶戶都是清早就要準備燒飯的器具，所以具有「準備」、「配備」的意義。

圖 42

紅陶折肩壺，高 17.5 公分，口徑 4.5 公分，河南舞陽賈湖，西元前 5800 年前。

圖 41

紅陶罐，高 34.2 公分，口徑 12.8 公分，河南舞陽賈湖，西元前 5800 年前。

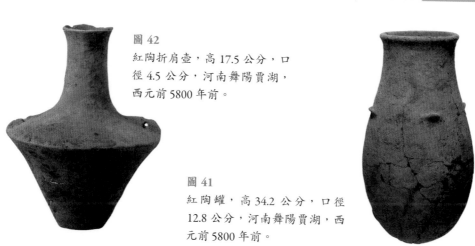

製作圓形陶器要比製作矩形陶器容易，因為圓形陶器的外形比較規整。若要講求放置時的穩定，器具至少需要三隻腳。如果器物的支腳過多，會不容易取得平衡，也減少了添補柴薪的空間，所以一般都是製作成三隻支腳的形式。到了也使用金屬鑄造器具時，才有因為講求變化而鑄成矩形的鼎，也因為要順應矩形的形狀及平衡的需求，而鑄作四支腳的鼎。一般的鼎是圓形而且三隻腳，所以「圓」字的字源「員」字，甲骨文就用一個圓圈和一座鼎來表示。

鼎本身就是一個燒食的灶，它可以被移來移去，不受限於一個固定的地點。晴天在戶外煮食，雨天就能搬進屋子裡使用，所以即使後來屋子的面積加大，可以把火膛設在屋子裡，使用鼎燒食的必要性仍然存在。一直要到漢代構築大型的豎灶，鼎的支足才成為多餘的設計，又恢復成八千年前鍋子的形狀。銅製的鼎重量很重，器具的表面也滾燙，不能用空手提起，所以在銅鼎的口沿上鑄有一雙對稱的立耳，這一對立耳的上面鑽有孔洞，方便讓人們穿過棍子後再抬起來。陶鼎的重量輕，可以輕易捧起來，所以一開始沒有設計器耳。大概是受到銅鼎有立耳的影響，陶鼎後來也增加兩個提耳的設計，但因為陶土質料比較脆弱，不能把提耳設置在口沿上，所以就安置在鼎的兩旁。

具 jù = 具

雙手捧著家家戶戶必備的燒食用器。

員 yùn 圓 = 員

鼎是有支腳並可以燒食的容器。鼎以圓形為多，表達圓的形狀。

鼎 dǐng = 鼎

圓腹或方腹，有支足的煮食器形。

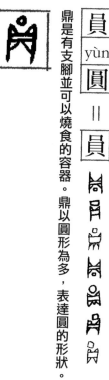

第三章

彩繪陶缽的技巧從何時開始？

最早的陶器彩繪

三足的紅陶缽是華北新石器早期遺址裡常常見到的器物，分布範圍相當廣，河北、河南、陝西、甘肅等地都有三足紅陶缽的足跡。它們的文化面貌稍有不同，分別稱之為磁山、裴李崗、李家村、大地灣文化四個類型。這一廣大地區的共同點是遺址的面積普遍不大，在一萬至二萬平方公尺之間，或者更小。文化層也較薄，大致是五十至一百公分的堆積，遺物不多。農業已居於生活的主導地位，生產小米，馴養豬、狗，但漁獵仍占有一定的比例。陶器的製作方式

圖 43
三足褐紅彩紅陶缽，李家村文化。口徑 33.4 公分，陝西華縣老官台白家村出土，約西元前 5000 年前。

比較原始，手工製作，燒結火候低，約攝氏七百到九百三十度，陶質疏鬆，器形簡單，三足缽、圜底缽、圈足碗為共同的特徵。

圖 43 這件紅陶缽屬於李家村類型，為仰韶文化的前身，分布在陝西南部漢水上游地區。年代約從西元前五千五百至四千八百年。三足缽與三足鼎的區別在於缽的腹部淺而鼎的腹部深。

早期的陶器以氧化燄燒製而成，鐵是地球第二多的元素，陶土一般含有相當分量的鐵元素，燒烤時，陶土中的鐵質就會和空氣中的氧化合成氧化鐵，氧化鐵的呈色為紅色。如果是在燃燒的後期讓陶窯產生缺氧的情況，譬如說：封閉窯頂的通口，並使用水滲入，就會把陶器中氧化鐵的氧抽出來燃燒，陶器就會還原，然後變成灰色。這種現象叫還原，氣氛（atmosphere）叫還原燄。還原燄的燒製技術比較複雜，也較為進步，燒出的陶器硬度比較高，比較耐用，所以時代越晚的遺址，出土紅陶的比例漸少，灰陶增多。「陶鉢」本來是用來稱呼無足的器形，有支腳的器物就稱為「鼎」。但是圖43這一件陶器的支腳短又細，器底也沒有燒烤過的痕跡，顯然不具備燒煮食物的用途，所以就稱之為「鉢」。這件陶鉢的形制一般，腹部用繩子壓印上花紋，這種裝飾也是常見的手法，但是在器口外沿所彩繪的一圈紅色寬帶，卻可以稱得上是中國最早的「陶器彩繪」的實例。美化是腦力活動的具體表現，越文明的社會越講究生活中的美化與舒適。人們因為實用的目的而燒造陶器，隨著生產技術提升，不但改良材料的質量、生產的方式和器具的形狀，也開始嘗試美化器具的外觀。自然界存在著有顏色的礦物，人們發現某些有顏色的礦物磨碎成粉再加上水之後，可以持續黏在器物上一段期間，能增加視覺上的愉悅，於是就產生了塗繪的裝飾手法。

早期人們直接在器物表面上塗繪，但是陶器的表面粗糙，甚至有小孔洞，會影響圖畫的品質，於是就有人想到使用白色的細泥，塗抹在器物的表面，也就是所謂的「白衣」，這樣一來，陶器的表面就會非常光滑，彩繪起來也比較順暢，而白色與紅或黑色圖紋的對比更為鮮明，效果更好，於是就大量使用這三種顏色的彩繪。後來人們發現彩繪後再燒烤，會產生彩色不容易褪色的絕佳效果，這個技巧便成為早期陶器裝飾彩色的唯一方式。到了商代，才發展出「上釉彩」的方法。

仰韶文化早期，陶器彩繪所占的比例還是相當少，以黑彩居多。到了仰韶文化中期，就盛行先加白衣或紅衣，然後再塗繪上紋樣，甚至也有一個器物塗繪兩種彩色的情形。從分析的結果，得知紅顏料用的是紅色的赭石，以含鐵較高的紅土燒烤後，會成為黑色，白衣則用含鐵量很低的白瓷土。

第四章

有關的「庶」字與燒食法

圖44（見本書第一〇六頁）這件帶有三隻「鞋形陶支腳」的陶盂是磁山文化常見的煮食器物。磁山文化是華北新石器最早期的文化型態之一，其他三個類型是河北裴李崗、陝西李家村和甘肅大地灣。武安磁山地處太行山脈與華北平原的交界處，是在洺河旁的河階地，遺址高出現代河床二十五公尺，經過碳十四年代測定，為西元前五千四百年至五千一百年，經過樹輪年代校正，可以往前再推六百年。華北這個時代的經濟面貌大致都一樣，經營定居的粟作（小米）農業，家畜有豬、狗、雞，也有漁獵的輔助性活動。經營農業的具體表現是穀物加工的石磨棒與磨盤，還有用來破土的扁平石鏟、橢圓形石斧、石錛、收割穀物的石鐮等。

遺址發現的主要器具是陶製品。多是用手捏製而成，主要為夾砂紅褐陶，次要為泥質紅陶。陶土裡夾砂主要是為了燒煮食物時傳熱快，可以想見，此時陶器尚偏重燒飯的需求。燒成的溫度變動頗大，在攝氏七百至九百三十度之間。陶器大都素面，帶有紋飾的只占三分之一，非常少見彩繪，推測此時人們還較少顧及到生活美化的效果。到了距今六千多年前仰韶文化的時代，彩

燒食器的演進

圖 44
線刻彎曲紋紅陶盂帶三陶支腳。盂高 16.5 公分，支腳高 12.5 公分，河北武安磁山出土，磁山文化，約西元前5000 年前。

圖 45
筒形三足壓印紋紅陶罐，高 40 公分，白家村，西元前5000 年前。

圖 46
繩紋圈足紅陶碗，口徑 26 公分，陝西華縣老官台白家村，西元前 5000 年前。西部少圈足器。

陶就稍微增多。再到距今五千至四千年前的馬家窯、半山、馬廠等文化時，彩繪就成了普遍的裝飾手法，當時還會使用壓印、堆砌、刻劃等方式來增加陶器的美觀。這時素面的陶器已經很少了，反映出生活的品質愈來愈受到重視。

圖 44 這件橢圓直筒狀的陶盂，提示流行了七、八千年鼎形燒食器成形的可能過程。可以想像，最原始的烹食方式是把肉塊直接放在火上燒烤，但這種方法不好用來烹煮蔬菜。有些氏族社會，例如臺灣的阿美族，他們外出打獵時，由於無法攜帶容易撞壞的炊具，便會採用一種石煮法：阿美族獵人先選取檳榔或椰子樹的大片葉子，摺成舟船形狀，用來盛裝清水及魚、肉、菜蔬等。然後撿取小石卵，洗乾淨之後，再用火燒烤石卵。最後用竹箸挾取燒熱的石卵，放進船形的容器中，透過水傳遞石頭的熱氣，慢慢把食物燙熟。這種煮食的方法可能表現在**甲骨文「庶」字** ：火燒烤石塊的樣子。這種緩慢的燒食法需要使用很多石卵，所以「庶」字有眾多的意思，以及為數甚多的平民大眾等引申義。有些地區，甚至日常時也使用這種方法，在樹皮製成的筒中煮食，例如東北地區某些氏族，他們會把燒熱的石卵放進樹皮製的直筒中燒煮食物。

為了能有效利用火力，燒食的器具大都是有弧底的。但是圖 44 這件陶盂卻是平底直筒狀，可以推測，這個造型來自於樹皮製的筒子。這件器具的發明已相當進步，使用這件器物的人們已經領悟到從陶器外側加火，使用起來比較便利，不必燒烤那麼多數量的石卵了。推測使用陶器來燒煮食物的過程，大致一開始時是以石煮法在陶器中燒食，後來發現陶器也有傳熱的功能，於是改良用火從外頭燒煮陶器中的水，烹煮食物。人們很快又發現陶土如果滲入細砂，就可以加速傳熱，之後便大量使用間接的陶器煮食方法。

從這組陶器，可以想像使用的方式。人們最早是先把陶器架在幾塊石頭上，然後在陶器下方的空隙處燒焚柴薪。後來不再放置石頭，改良成為陶製的支腳，之後再進一步改良，把支腳連接於器身而成了鼎的形式。直筒容器的受熱處只在底部，不能充分利用火力，於是又發明了圜底有支腳的容器，就變成正式的鼎形器了。我們整理燒煮用陶器的發展，可以看到先人生活的演變與智慧。

庶 shù ＝ 庶

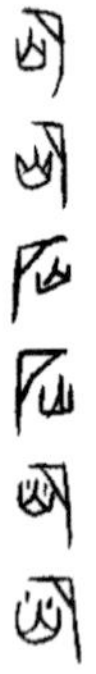

用火燒烤石塊，準備把滾燙的石塊放入容器中，以便燒煮食物。

第五章

象徵喪葬習俗的彩繪陶盆

大口的陶盆是仰韶文化常見器物，圖47（見本書第一一一頁）這件盆的底部平而略小於口，腹部略微外鼓，口沿貌似「外伸的捲唇」。陶盆一般用來盛水或盛裝食物，但是這個陶盆的造型甚大，製作很講究，不像是一般的家庭日常用品。使用經過多次淘洗以後的細泥為質料，以攝氏八、九百度的氧化焰燒成紅陶後，再使用黑色的顏料，塗繪圖案。從圖47來看，好像燒成後還先塗抹一層紅色的陶衣，然後才彩繪。盆內所塗繪的圖案因為沒有經過火的燒結，屬於可溶性，所以不便用來盛裝液態的東西，甚至是固態的食物。這件陶盆出土時覆蓋在一位女性孩童的骨骼上，這是一種「二次葬」的現象；所謂的「二次葬」，是指埋葬屍體於地下若干年以後，撿拾化成的白骨，然後把白骨安置在一個容器內，再次埋入土中。這種習俗常見於新石器時代遺址，不久前，臺灣還保留這種習俗，或稱為「洗骨葬」，因為骨頭可能還附有未腐爛完全的肉，要加以清理才能再次埋葬，好像是在清洗骨頭的樣子，所以稱作「洗骨葬」。

這件陶盆的內壁有兩組圖案，都是一尾魚、一個神似人面和不知名的三角形（邊緣有細毛）組成的怪異圖案。這個怪異圖案很不尋常：中間圓形的部分像圖案化的「人的顏面」，兩個橫短線像是表達「閉起來的眼睛」，兩眼中間的線條像是「鼻子」，鼻子下則為「嘴巴」，而眼睛上一高一低的半圓形像是「頭髮」。頭髮的兩側各有一尾魚連接人面，嘴兩側各有類似魚的菱形線條（帶細毛而不對等），圓形的頭上又有一個毛絨絨的三角形線條。這個令人難以忘記的圖紋如果只是偶然出現，我們就可以忽略，而不必太慎重思考它代表的意義。但是在半坡類型的遺址中，類似此一圖案的陶盆已發現十餘個例子，在當時的社會必然具有特定的宗教意義，人們才會不嫌麻煩，精心製作這件二次葬禮使用的大容器。

多位學者對於這個圖紋做了多種不同的解釋，或以為它描寫「古代紋身黥面的習俗」，或以為「反映某種普遍流傳的神話神物」，或以為「執行期望豐收的巫術」，或以為是半坡文化的

與葬儀有關的怪異圖案

圖 47

紅衣黑彩人面魚紋細泥紅陶盆。口徑 44 公分，高 19.3 公分，陝西臨潼姜寨出土，半坡類型，西元前4000 多年前。

「崇拜圖騰」，或以為是種施行「驅魚入網的巫術」，或是對於「生殖後代的祈禱」。到底誰的解釋較為適當？由於我們離開古代已經很久了，文獻的資料又極為缺乏，似乎也都沒出現特別有力的證據，要選擇確切的答案真是不容易，只好暫時在心中納悶了。

至於彩繪的塗料，有些例子是放入陶窯之前就先塗抹，但大部分都是陶器燒製以後才塗繪圖案。紅色的彩繪可能是含氧化鐵的赭石。赭石在古代算是珍貴的礦石，當時候的人也會拿赭石磨成粉，灑在屍體的四周，代表流血釋放靈魂的葬儀。此類的陶盆也常在底部鑿出一個小孔，有學者認為這個小孔與「釋放靈魂的信仰」有關。仰韶文化的紅色彩陶只占很少數量的比例，在當時這件陶盆可是一件非常貴重的物品。只是一位小女孩的葬禮就使用如此昂貴的葬具，而且有豐富的隨葬品，反映出這個小女孩的身分十分特殊。仰韶文化還處於母系社會的階段，母系社會的特徵是沒有一男與一女的對等婚姻，孩子只知其母而不知其父，子女由母親來養育，繼承者也是女性。這個只是三、四歲的女孩享有特別高貴的葬儀，可能不只是因為母親地位崇高，在倫理上，她本身也應該擁有極高的社會地位。

死 sǐ = 死

1 字形一：一人跪拜在朽骨的旁邊，頭低垂，似乎有哀悼的意味。

2 字形二：人的屍體以不同的姿態放置在棺中。屍體旁的小點點，可能表示隨葬物品或朱砂一類，代表「血」的紅色東西。

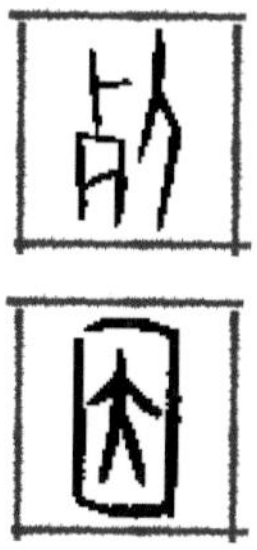

文 wén = 文

一個人的胸部上刺有花紋，古代喪葬的美化儀式。

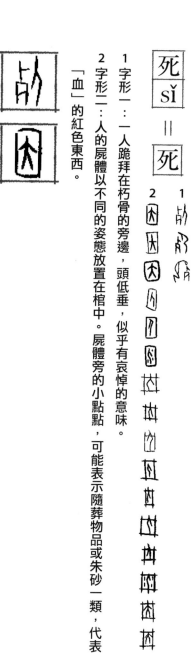

第六章 甲骨文中字與姜寨的社區機制有關？

圖48這個盆的內壁使用黑彩繪畫，有兩組頗寫實的連續圖案，每組都是「兩尾魚」與「一隻類似蛙的爬蟲」，但圖案的設計有些變化，頗為用心。類似蛙的身體近乎圓形，頭部寬扁，纖細的四腳彎曲而向外伸，像是要爬出盆外的樣子。頭部點上兩個大眼睛，身上布滿二、三十個小點，看起來像蟾蜍的皮膚，但四腳很纖弱，不像蛙類或蟾蜍的後腿粗大。也許繪圖的人並不在意百分之百寫實，只要圖像表達的形象不被誤認就好了。兩尾魚則頭部朝向同一個方向，腹部相對，背部都有四道背鰭，但是魚身卻不用小點填充的手法，而是用濃淡對比的黑彩，畫出有厚度的感覺。從不一樣的表現技巧，知道繪圖的人不是機械式的把圖形畫出來，而是經過一番的規劃和思考。陶盆的口沿還有三條直線與一個三角形相間，圍成一周的黑彩。

寫實動物紋出現後就進入定居的農業生活

圖 48
魚蛙紋紅衣黑彩細泥紅陶盆，半坡類型。高 12.8 公分，口徑 30.4 公分，陝西臨潼姜寨出土，西安博物館藏，西元前 4000 多年前。

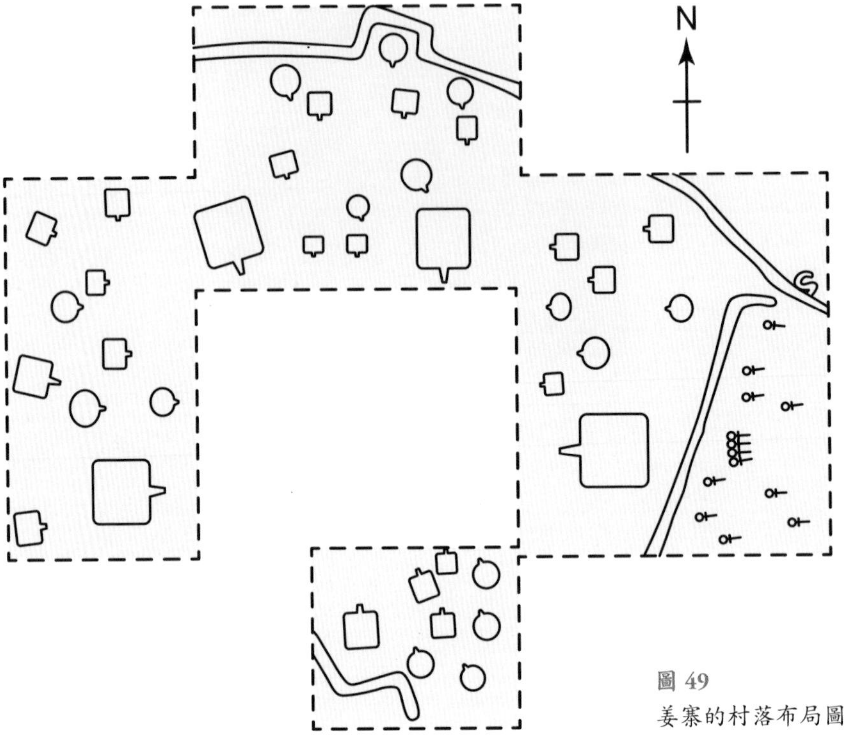

圖 49
姜寨的村落布局圖

這件陶盆的造型與彩繪風格頗近似西安半坡的彩陶，都屬於黃河中游地區新石器文化，是同一類型的仰韶文化產品。

仰韶文化因為初見於河南黽池縣仰韶村而得名，出土陶器中有一定數量的彩陶，在當時是首見的例子，因此統稱為彩陶文化。此文化持續甚久，經過樹輪年代校正的碳十四年代測定，約自西元前五千年至三千年間。關中地區的文化約可分四期，半坡類型從西元前五千年至四千五百年，史家類型從西元前四千五百年至四千年，廟底溝類型從西元前四千年至三千六百年，西王村類型從西元前三千六百年至三千年。

西安半坡和臨潼姜寨是半坡類型的兩個代表遺址。出土物有百分之九十是陶器，陶器以泥質紅陶和夾砂紅陶為主，偶爾有彩繪。彩繪常見於泥質紅陶器，以「黑彩塗繪幾何圖案動物花紋」環繞外壁上部。動物紋常見魚、鹿、羊、蛙，想必是當地常見的物種。還有所謂的植物紋，中國古代少見植物紋，看起來倒像是對稱的幾何圖案。半坡文化的寫實動物紋，在以後的遺址甚少見到，學者認為這是由於圖案化而成為幾何圖形了。夾砂紅陶則是以「拍印繩紋」為主。當時已進入農業社會，主要經營粟作農業，人們過著定居的生活，家養豬、狗等牲畜。

姜寨是個規模相當大的社區，面積約有五萬平方公尺。目前已發掘出一萬六千平方公尺，為半坡類型的最大聚落。年代約自西元前四千六百年至四千四百年。遺址分居住、陶窯、墓葬三個部分。

居住區，南以河為天然屏障，東西北三個方向圍以濠溝，面積約一萬八千到一萬九千平方公尺。一百多座房子分為五群，每群都以一座大房子為主體，門均朝向中心的廣場。

居家分地穴、半地穴與地面三種建築，形狀結構有方或圓形，大者達八十平方公尺，一般為二十平方公尺。很明顯，這已經是一個密集居住的社區，有組織，階級分明。

濠溝外，陶窯在村西，墓葬在村東，區分井然。甲骨文有「立中」的卜問，可能是在社區的中心點設立旗桿一類的指揮機制，一旦發生事故，可以用升旗的方式，讓大家瞭解情況或召集人員，所以**甲骨文「中」字**有些畫上了旗游 ，有的沒有 。可以推測，很可能這個社區的中心廣場就有這樣的機制。

中 zhōng ＝ 中

插旗於一範圍之中心點，後來省略旗游的部分。中央是制臨四方的最佳地點，所以傳達訊息的旗子應該豎立在中心處，這是豎立旗幟的一貫地點。

第七章

從甲骨文「酒」字的發明，看專門裝酒水的陶瓶

關於中國開始釀酒的時代，由於酒會蒸發，很難找到直接的證據。一般會從古人使用的器具間接加以推論。而盛水與盛酒容器的造型有基本上的差異。距今六千年前的仰韶文化，主要陶器有盆、缽、罐、甕、瓶、釜、甑等大口的容器，沒有加上防止酒味揮發的設計，可以說都是屬於水器和食器。到了至今四千年前的龍山文化晚期，才產生了尊、罍、盉、高腳杯等陶器，這些容器與後世酒器有同樣的形狀。學者認為這時候才出現了酒的釀造。

像圖 50 這件陶器的小口、尖底、雙鈕或無鈕的大型紅陶瓶，是仰韶文化常見到的出土物，一般認為它是汲水的用器：繩子穿過兩個半圓的鈕，放進水裡時，瓶子就會傾倒，而水就會很快灌滿瓶子，然後可以背負或提攜陶瓶回家。但是，這些尖底陶瓶有些是沒有鈕的設計，無法使用繩索穿過，那要如何放進河中汲水呢？所以這種說法還有進一步思考的空間。

甲骨文「酒」字 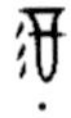：一個酒尊以及濺出的三滴酒液。有些字的酒尊部分就像圖示的小口形狀 。文字裡的「酒尊」都描寫成「細長身的尖底」形狀。但是商周遺址出土的裝酒大型容器都是平底的。那是為什麼呢？大概不會有人從甲骨文「酒」字聯想到仰韶文化的窄口尖底瓶吧。因為學者一向認為中國要到龍山時代才開始釀酒，仰韶的窄口尖底瓶是盛水器具，兩者不會有關聯。然而仔細觀察古代從歐洲運往北非的葡萄酒，盛裝的容器竟然和仰韶文化的尖底陶器有絕妙的相似度。「窄口」的設計是為了容易用蓋子塞住，防止液體外洩，「細長的瓶身」是為了讓人們或家畜在運送時方便背負，「尖底」的設計則是為了便利人們用手把握與傾倒。為此便利，陶瓶的「尖底」有時更被設計成「柄狀」，而這竟然和**甲骨文「稻」字**  的形狀相同：裝米的罐子底下有長柄的設計。稻米是華南的物產，連株帶穗地運到華北將會增加運輸費用，所以只取其稻米的顆粒，然後裝在罐子中，「稻」字就是以這個用途去發想造字的創

可以裝水酒和稻米粒的陶器

圖 50
小口尖底雙繫梳紋彩繪紅陶瓶，長途運輸。高 46.2 公分，半坡文化，西元前 4000 多年前。

意。南方大概以牲畜載運稻米，往北方輸出，一如歐洲的葡萄酒，所以採用瘦高的罐子，用手握住尖底或長柄的部分，才能方便傾倒出裡頭的稻米。現在對於這種尖底陶瓶有了新的認識，那麼對於仰韶文化中「小口陶壺」的功能，似乎也可以重新思考了。

圖 51
刻符彩繪紅陶缽，口徑 34.2 公分，
姜寨，西元前 4000 多年前。

圖 52
魚鳥紋彩陶葫蘆瓶，高 29 公分，
姜寨，西元前 4000 多年前。

圖 53
幾何紋彩陶壺，高 22.6 公分，陝縣廟底溝出土，西元前 4000 多年前。

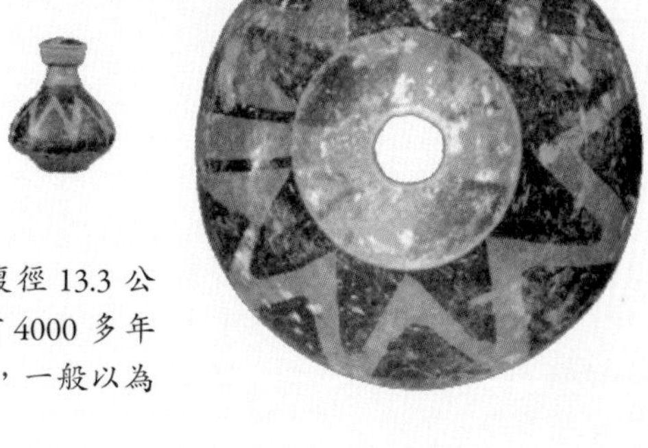

圖 54
三角紋彩陶壺，高 10.7 公分，腹徑 13.3 公分，寶雞北首嶺出土，約西元前 4000 多年前。口徑非常細小，有可能裝酒，一般以為龍山時代才普遍飲酒。

在廟底溝類型之後的文化遺址中，不見這種尖底的陶器，或者說是很少見到，可能與水井的開鑿有關。在較早期的年代，水要從遠地的河流汲取，然後再運送回家，所以陶器上加了兩個圓鈕的設計，方便人們用繫繩背負。後來有了牛馬家畜，可以用豎立的形式安放在牛馬背部的四周，由家畜來背負陶器，不必再穿過圓鈕來繫繩子，一如游牧民族的遼、金時代，製造了一

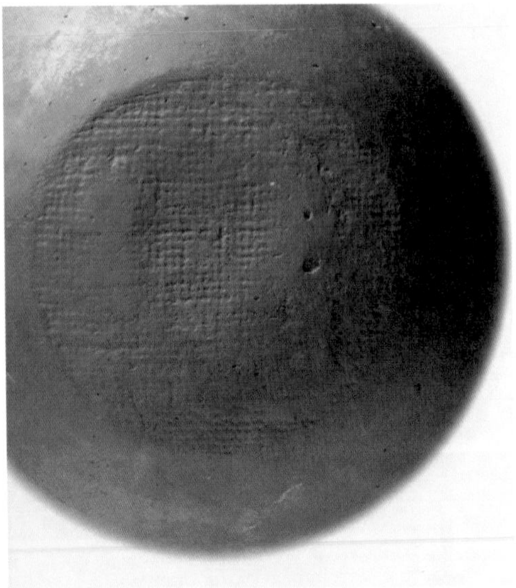

圖 56

仰韶陶缽底部布紋印痕。細線徑 0.04 公分，織布證據。依《中國史稿：1-66》每平方公分經緯各十根。五千年前的錢三漾遺址出土經緯線 20x20、16x16、30x20 根的苧麻布。

圖 55

指甲掐紋紅陶壺，高 15.8 公分，腹徑 13.3 公分，半坡出土，約西元前 4000 多年前。

款有細長瓶身的陶罐，超過半公尺高，用來裝運水酒，這種陶罐的設計方便馬匹負載。等到人們曉得挖井取水，就在住家附近開鑿水井，再也不必從遠地運水來，所以也不需要這種造型的水器了。商代遺址不見這種瓶子，可能是因為它們是商業營運用的運酒用具，所以不見於墓葬與一般家居的遺址。甲骨文「酒」字還保持了一千年前的器物形狀，也反映商代的文字可能已經歷了千年以上的歲月。至少在距今四千年前，中國就有了以象形、象意手法表達意義的文字了。

酉 yǒu ＝ 酉

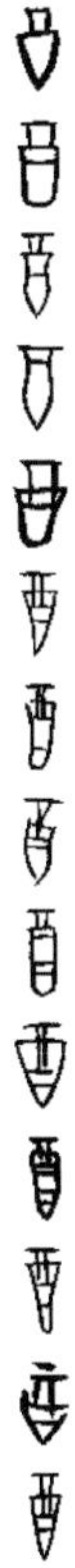

窄口、瓶身細長的尖底酒罐。

酒 jiǔ ＝ 酒

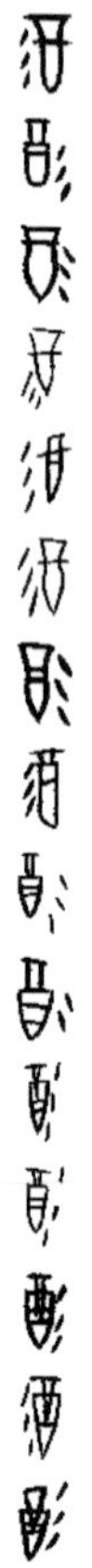

窄口大腹的酒尊，旁邊畫著濺出來的三滴酒液。這種酒尊適合長途運輸。

米 mǐ ＝ 米

米粒的形狀，中間加一個橫畫，以便與其他小物體區別。

稻 dào ＝ 稻

米粒及儲藏穀物的米罐。

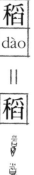

第八章 甲骨文「尸」字與裝有人骨的陶缸

圖57（見本書第一二九頁）這件敞口、圓唇、深腹、平底的大型彩陶缸，質料為夾砂泥質的紅陶。砂子有導熱的功能，一般見於燒煮食物的器具。這件大型的陶缸，沒有裝設支腳，也沒有設計可以懸掛的部位，比較可能是個盛水的用器，但盛水用具又不宜使用夾砂來燒造。從出土的狀況，我們知道它是成人「二次葬」的葬具，因此夾砂的質料可能是為了節省材料的費用。「二次葬」又稱為「洗骨葬」，把化成白骨的骨頭重新整理並埋葬。屍骨被整理成有如「蹲坐」的姿勢，此時才算是真正的死亡。中國以小孩蹲坐代表祖先，稱之為屍（尸）。**「尸」的甲骨文代表的是一個人蹲坐的形象** 。

陶器外壁上的特殊圖紋，與這一地區常見的裝飾圖案非常不一樣，格外引人注目。圖案的內容是一隻口銜一尾魚的鳥，和一把裝柄的石斧。這隻灰白色的鳥兒頗為肥胖，長喙短尾，睜大著眼睛，伸頸直立，口銜一尾魚。此鳥被辨識是《詩經・豳風・東山》「鸛鳴于垤，婦歎于室」[3]的鸛鳥。鸛鳥善於捕捉魚類，和陶器上的圖案非常相襯。鳥的旁邊非常詳盡地描畫一把「豎立的短柄石斧」。

畫中石斧的握柄顯然在表達「精細加工過的木棒」。在綑綁石斧的地方有兩處具有共通點：兩道橫線中畫有兩小點，而石斧上也有一個孔洞，大概是指木棒上可以裝石斧的「鑿孔」，以及利用石斧上的孔洞，用來穿繩子，然後在木棒上捆縛木柄的細節。在木棒的末端有一段菱形墨線，可能是表達「用細繩纏繞木棒，增加手拿木棒時候的穩定性」，一如銅劍的把柄鑄有兩道凸箍，用來方便纏繞繩索，以便利把握一樣。在墨線下有比木棒略為粗大的方形物，應該和浙江良渚文化出土的「變白玉鉞」的端飾，具有同樣作用：當用力揮舞時，可防止玉鉞從手中甩掉。

圖57這件陶缸的圖案不但繪畫生動，著色也非常考究，此缸滿布著褐紅的彩色，它與氧化焰燒成的橙紅色不一樣，應該是塗抹上去的。如果再比照其他彩陶的裝飾手法，這件陶器大

3 這首詩描述一名出征之人解甲還鄉，途中有感而發，抒發自己的思鄉之情。這兩句詩意是指「白鸛在丘上輕聲叫喚，出征之人的妻子在室內嘆氣」。

陶缸上的石斧象徵權勢

圖 58
人頭形紅陶壺，高 23 公分，河南洛陽出土，西元前 4000～3000 年前。陝西省西安市半坡博物館藏。

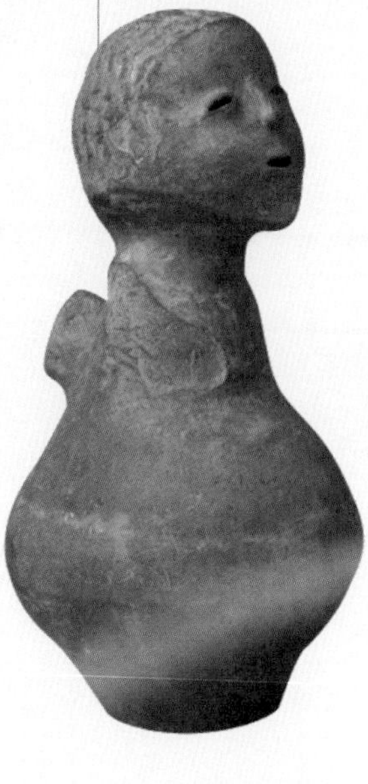

圖 57
鸛鳥銜魚石斧紋白衣褐紅、黑兩彩夾砂泥質紅陶缸。口徑 32.7 公分，高 47 公分，河南臨汝出土，西元前 4000～3000 年前。

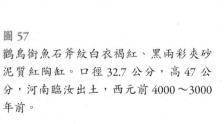

圖 59
陶鴞鼎，高 23.3 公分，陝西華縣泉護村出土，廟底溝型，西元前 3000 年前。器形簡單而顯明，藝術手法高明，媲美紅山文化的鳥形玉雕飾。

致是先上一層白衣，然後預留鸛鳥、魚、石斧的輪廓，然後再塗抹上褐紅的彩色，最後畫上黑彩的細部紋飾。這是經過精心設計的成品，應該把它看成是一幅古代非常傑出的畫作，而非只是陶器上的裝飾圖紋而已。

作這幅畫的動機何在？恐怕不是我們今天能夠猜測到的。由於此缸出土時，裡頭有人骨，所以有人以為鸛鳥是死者所屬氏族崇拜的圖騰，具有保護死者靈魂的功能。不過，在古代的傳說中，西方的部族以大型哺乳類動物作為崇拜對象，東方的部族才會以鳥類為圖騰。對於這個世間只有一見的鸛鳥圖像，是否可視為普遍被西方部族所崇拜的對象？雖宜存疑，但那把精製石斧的主人肯定非常有權勢。

在人類活動的歷史上，石斧是歷時非常悠久的重要工具，主要用來伐木，但也可以挖掘土地和敲擊硬物，是每個成人男子都會使用到的器具。在舊石器時代，石料工具是以打擊的方式製作而成，到了新石器時代，就改良用磨製的方式，可以使器形更為規律和平整，提高使用的效率，也減少手掌受到反彈力傷害的程度。在進入使用金屬的時代之後，當然也會以銅、鐵的材料去製作工具，其中刃面較大的，就被名為鉞。

人類進入父系社會後，鉞就被選用為權威的象徵，因此選用玉材來製作鉞，專供王者來使用；這個現象不但文獻有徵，在浙江餘杭良渚文化墓葬，刻劃「頭戴羽帽的騎者紋樣」的短柄玉鉞就是一個證明。

尸 shī = 尸 

一個人蹲坐的姿勢。因為中國古代在室內採跪坐的方式，蹲踞是東方夷人的坐姿。亦為屈肢葬之姿勢。

第九章

灶的發明：移動式的灶

遠古時代，人們還沒有專門燒煮食物的器具，所以要等到人們懂得從陶器外面燒煮食物以後，才有「架鍋燒火的灶」。因此早期的灶是廣義的，只是指一個燒煮食物的專用地點而已。用火來燒煮食物一定會留下炭屑與灰燼，與其到處都是灰燼，不如只弄髒一個地方。人們只要在某一個地點停留的時間稍微長些，就會有固定的燒菜做飯的地方。房子裡頭如果有躺臥與休息以外的空間，便會加工，好好地架構一個灶址以方便燒煮食物，並使灰燼集中在一小片地方而不致擴散。灶的大小也約略是一公尺的圓徑。

初期的灶，因為考量構築的便利，幾乎都是圓形的，只有少數做矩形。在稍低或稍高於地

架鍋燒火的灶

圖 60
夾砂紅陶釜與灶。釜高 10.9 公分，灶高 15.8 公分，廟底溝出土，西元前 4000～3000 年前。

面的一定範圍，使表面堅硬，或用石塊堆砌，使能豎立腳架和放置鍋、盆等器物就可以了。但是火在空曠的地點燃燒，熱量容易流失，浪費薪柴。人們從建造陶窯、燒造陶器的經驗，曉得火在洞窯裡燃燒，不但可以節省薪柴，也可以增高溫度，所以才從露天燒造陶器，改進為築窯，由長火道轉而改良為火道直接設計在窯的下面；最理想的灶址也應該依照此一原理建造。

距今五千多年，前在甘肅秦安大地灣的房子就有這種形式的灶。

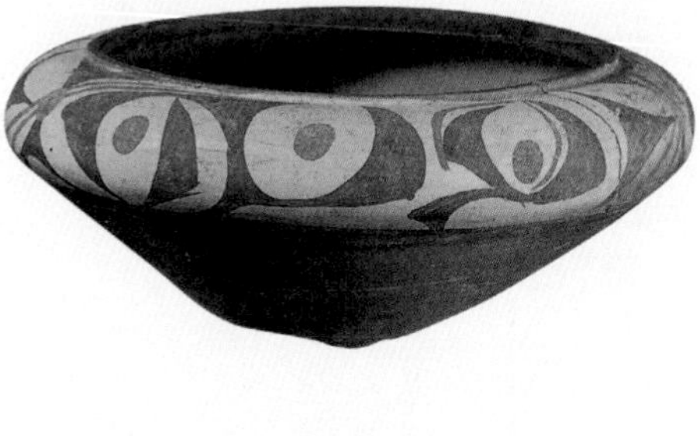

圖 62
旋渦紋紅、黑兩彩陶缽，口徑 40 公分，泉護村出土，西元前 3000 年前。

圖 61
幾何紋褐紅、黑兩彩白衣紅陶缽，口徑 21.5 公分，鄭州，西元前 3000 年前。河南省鄭州市博物館藏。

其中一個例子，在房子中央偏後的地方，挖有兩個圓形的灶洞：大的圓徑八十五公分，小的三十五公分，兩洞底部相通，深達六十公分。這個灶洞的構造形式與陶窯相同，只是沒有中間的土箄而已。小的洞正好可以放鍋子，大的洞容納一個人之外，空間還綽綽有餘，可以推測這應該就是燒柴的地點。而且洞邊牆壁的一角還有一個放陶罐的洞，那是用來存放火種的。這種方式的灶雖然節省薪柴，但燒飯的時候就要上下攀爬，也許人們認為很不方便。而且屋中有兩個大深洞，也有掉落進去的危險，所以並不實用，在遺址中出現的例子很少。這種原理的灶如果豎建在地上，就很理想了，所以漢代以後大大流行，幾乎成為唯一搭建灶的方式。

變通的辦法就像圖 60（見本書第一三四頁）這一件可移動式的灶。目前所知，年代最早的陶灶有兩件是在距今六千多年前，形式稍有不同。浙江餘姚河姆渡的灶，壁上有三個突出的小瘤，圍成三十七公分的圓徑，可以作為支撐點，容納一個鍋子的尺寸，前端還有個斜坡可以放置薪柴，以便燒火。河南濮陽的灶，則與後世的直筒型爐灶一樣，具有同樣形式，在灶膛上有三個可以架鍋盆的突出物。

這些立體式的爐灶輕便，可以移來移去。天氣好時在戶外使用，可免去在屋裡蒙受煙燻之苦；下雨則在屋內使用，也可讓灰燼不接觸地面，保持地面的乾淨。可以說，這種灶利多於弊，但不知為何，竟不常見到這些活動式的爐灶出土？要等到漢代，人們才普遍採用這種移動式的灶，漢代人也開始建構大型的豎灶。或者，也有可能古時生火不容易，需要有個地方保持火種，隨時可以引火，所以灶址最好設在室內的固定地點。

陶灶大多是使用夾砂的材料燒製，因為砂子利於傳熱，所以夾砂陶器有耐熱、不易破裂、傳熱快等好處。古代如果不流行使用爐灶，那會使用什麼器具去煮食物呢？答案是「鼎」。鼎算是一種有腳的鍋，可以在底下生火而兼具灶的功能，所以成為漢代之前最重要的燒煮用器。

鑪 lú ＝ 鑪

一個有支架的煉鑪，有的還裝有鼓風橐，也可以用來燒飯。

第十章

古時由男性養成梳妝頭髮的風潮？

圖63這件陶器保存得相當完好，器口製作成「留短髮的人頭形」，眼睛和鼻孔都作透雕的形式，鼻子呈蒜頭形，鼻翼鼓起，嘴微張開，顯得非常有活力的樣子。兩隻耳朵各有一個穿孔，那是穿戴耳飾的孔洞。這件優秀雕塑作品的髮型提供我們探索古代習俗的空間。這件陶器刻劃著很具體的髮式，前額上自然下垂著一排整齊若瀏海的短髮，後腦也同樣下垂，而與耳垂平齊，顯然是經過仔細修整的結果，不是頭

髮型跟工作男女的關係

圖 64
人面形口沿圈紋黑彩紅陶壺，高 22.4 公分，口徑 5.5 公分，樂都出土，馬家窯類型，西元前 3000～2000 年前。青海省文物考古研究所藏。

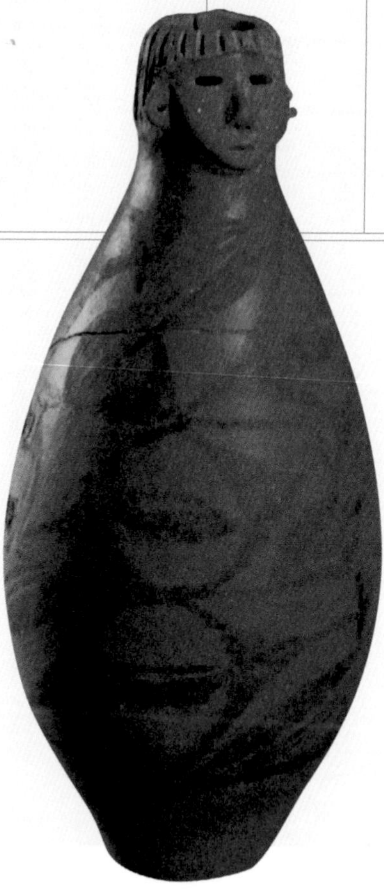

圖 63
人面形器口紅衣黑彩細泥紅陶平底瓶。高 31.8 公分，口徑 4.5 公分，甘肅秦安出土，約西元前 3000 年前。

髮自然長成的形象。

頭髮除了隔絕冷與熱的功用外，還有其他社會功能。佛教認為它表現俗世的欲求，需要剃掉它，以示隔絕世俗。有的宗教卻要留長頭髮，以方便讓神靈抓上天去；在中國，有些銅器上的紋飾為「兩手捉住蛇的巫」，巫本身留有非常長的髮辮，或許也有類似的用意。其他或以髮型表示年齡、婚姻狀況、階級地位等等，都可以在很多社會找到實例。

現代婦女比男人花更多的時間裝扮頭髮，以增添其美麗的容貌，所以一般認為處理頭髮應該是基於美容的原因，並且始自女性，但事實恐怕不是這樣。在動物群中，以人類的頭髮長得最長，如果不加以修剪，大部分男女的頭髮都可以長過腰際。一旦頭髮鬆散下垂，就沒有辦法插上頭飾或其他飾品，也就無法用飾品裝扮出好看的外貌。且如果讓頭髮無限制地生長，就會妨礙人們工作，因此必須想辦法處理好頭髮，不讓頭髮變得礙手礙腳。當人們不只從樹上採摘果實，或是在地下挖塊根，而開始要追逐、捕捉野獸時，就有了束髮的習慣，以使頭髮不妨礙視線與工作。束起頭髮之後，就可以加插裝飾品，於是可能產生修飾與美容的動作。

起先人們整理頭髮是基於工作的需要，這點還可以從一些後世的風俗得到印證。日本在戰國時代（西元一四八二至一五五八年）以前，不論身份高低，女性都順其自然，梳妝為一頭長長的垂髮，還用油脂的東西把頭髮梳理得烏亮。後來身分低微的人，為了應付繁忙的生活，感到鬆散而垂長的頭髮多少會對工作造成不便，於是有在勞動之際才束髮於腦後的習慣。這種習慣漸漸為一般人所接受，於是開始普遍結髮，再加上受到歌舞伎裝扮的影響，演變至梳成各式各樣複雜的髻。所以束髮最初應該是為了工作的需要，後來才發展成為裝扮的目的。劇烈的工作都由男子從事，因此束髮也很可能始自男性，而不是從女性開始。

這件塑像的製作年代大約在進入階級分化的時期，社會開始要區分不從事勞動的貴族以及勞動的大眾。不從事勞動的貴族就算穿戴不便工作的長衣與佩玉，影響也不大，貴族也沒有必要為了美麗的形象而剪短頭髮，如果嫌頭髮太長，最多只要束綁起來，垂掛在腦後就解決了。但是勞動者為了追求工作上的方便，不能讓頭髮自然下垂，就得想辦法剪短頭髮，或把頭髮拘束於頭頂或腦後。這位女性既然剪短頭髮，大半是為了勞動的原因。她很可能是服侍貴族的人員，應該不是接受崇拜的女神或貴族的形象。

圖 65
彩繪翅羽紋泥質紅陶壺，高 15 公分，口徑 10 公分，底徑 7.5 公分，馬家窯類型，約西元前 2800 年前。

圖 66
黑彩波浪紋紅陶壺，高 16.4 公分，甘肅蘭州出土，馬家窯類型，約西元前 3000～2000 年前。

圖 67
黑彩繪蟲紋紅陶瓶，高 38 公分，口徑 7 公分，甘肅甘谷出土，石嶺下類型，西元前 3300～2900 年前。

圖 68
網紋平行條紋彩陶壺，高 26.1 公分，口徑 10.6，底徑 8.7，青海同德出土，馬家窯類型，約西元前 3000～2000 年前。

圖 69
渦紋雙耳彩陶罐，高 30.8 公分，馬家窯類型，西元前 3000～2000 年前。

圖 70
波浪紋彩陶豆，高 16.4 公分，蘭州出土，半山類型，西元前 2650～2350 年。

圖 71
彩繪鋸齒漩渦紋雙耳泥質紅陶壺，高 18 公分，口徑 9 公分，底徑 7.8 公分，半山類型。西元前 2650～2350 年。

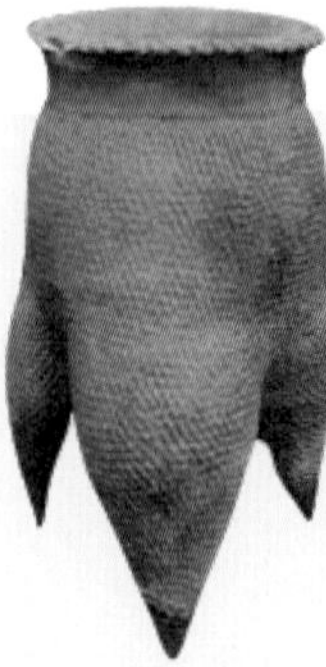

圖 72
繩紋泥質紅陶鬲，高 32 公分，齊家文化，約西元前 2000～1600 年前。

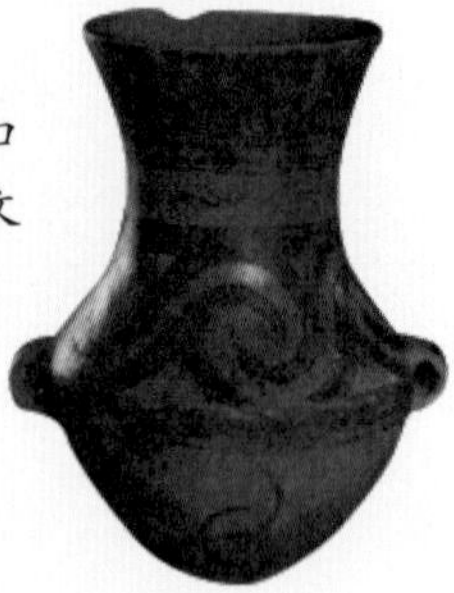

圖 73
彩繪漩紋夾砂褐陶壺，高 32 公分，口徑 14.2 公分，底徑 7.8 公分，辛店文化，約西元前 1600～600 年前。

圖 74
彩繪蜥蜴紋雙耳黃衣紅陶壺，高 15 公分，辛店文化，約西元前 1600～600 年前。

圖 75
蟠龍紋紅彩黑陶盤，口徑 37 公分，襄汾出土，夏前期，西元前 2500～1900 年前。口含枝葉，蟠曲成圈，鱗甲顯明。中國社會科學院考古研究所藏。

圖 76
紅、黑、白彩繪變形鳥紋三足陶罐，通高 19.5 公分，口徑 9.5 公分，腹徑 15.2 公分，大甸子出土，夏家店下層，西元前 2000～1500 年前。中國社會科學院考古研究所藏。

圖 77
彩繪陶壺，高 30 公分，赤峰出土，夏家店下層，約西元前 2000～1500 年。

圖 78
彩繪陶鬲，高 25 公分，內蒙赤峰出土，夏家店下層，約西元前 2000～1500 年。

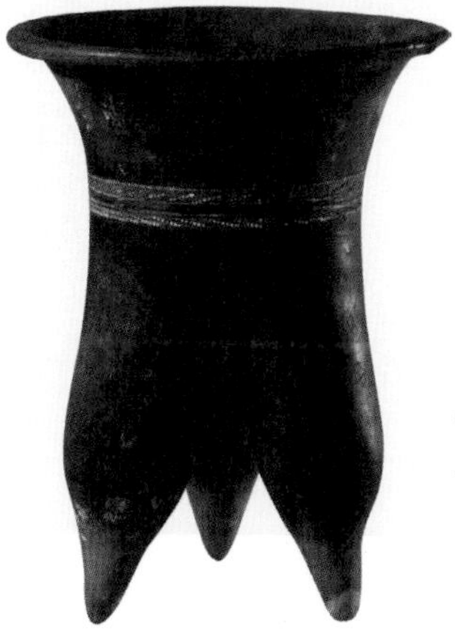

圖 79
壓印紋紅足陶鬲，高 26 公分，內蒙赤峰出土，夏家店下層，約西元前 2000～1500 年。

第十一章 東海岸地區

陶盆上的八角星形圖是否跟文化有關？

圖80這一件細泥紅陶盆，是用氧化焰燒成紅色後，再應用不同的彩繪方式，完成了一組古代罕見的絢麗多彩的圖案。在寬敞的口沿上，先塗抹一層白衣，然後用相間的褐彩和黑彩，塗畫三角形與豎線條。在容器的外壁卻先塗抹紅衣，然後用白彩畫上七個八角星形和兩道豎線的圖案，而後在星紋的外廓，勾勒黑彩。星紋內裡並留下方形的紅衣空白。白色的星紋已有些褪色，露出紅衣的底色來，所以可以

陶器上的塗繪與文化的傳承

圖 80
白衣褐彩、紅衣黑框白彩八角星紋細泥紅陶盆，青蓮崗文化。口徑 33.8 公分，高 18.5 公分，江蘇邳縣出土，現藏南京博物院。西元 5000～4000 年前。

圖 81
山東泰安大汶口彩陶豆。約西元前 2900～2300 年。

推測這件陶盆上色的次序。

基本上，古人認為多彩就是美麗的，在距今六、七千年前，三色的彩畫是很少見的。這些星形的圖案色彩鮮明，與紅衣的底色對比明朗，給予人深刻的印象。這件陶器的底部不施色彩，顯然是因為這個部位不在人們視線的範圍內，所以要節省顏料，反襯出顏料得來不易，以及彩繪的展示目的。顏料的成分，白彩主要是氧化鍶、氧化鋁，紅彩為氧化鐵，黑彩則為氧化錳。

八角星形是這件陶器的主要圖紋，其構圖並不是很簡單，好像是含有特殊意義的創作。有人以為這個圖紋代表東、南、西、北四個方向，或更進步代表八個方向，有人以為是特殊的星座。但就目前的考古訊息看，同樣的圖紋還見於上海崧澤、江蘇吳縣、山東大汶口、浙江良渚、四川大溪、內蒙古小河沿、青海馬家窯等文化的器物。其地點分布甚廣，不像是某處個別地區特有的圖案，所以不應該與區域性的信仰或觀念有關。

如果是普及的知識或概念，又將會有什麼意義，而必須在器物上表達呢？中國的文明，約在一萬多年前萌芽於華南。由於年平均氣溫上升攝氏九度之多，不是理想的居住區，就轉往華北的河谷階地以及東南海岸遷徙。會不會這個圖案就是源自於華南的早期文化？所以在西方與東方的早期文化區域同時出現。

圖80這件陶器出土於青蓮崗文化遺址，是以江蘇為中心的東海岸較早遺址，碳十四測定、經樹輪校正的年代為西元前五千四百年至四千四百年，可能與河南的裴李崗同樣來自華南更早的文化。青蓮崗文化後來的江北類型發展成為大汶口文化，江南類型發展成為良渚文化。

在西元前二千九百年至二千三百年，一件出土於山東泰安大汶口的彩陶豆高腳上的盆，塗紋的形狀和排列跟這件陶盆上的紋

圖 82

白衣紅、黑彩幾何形細泥紅陶盆，口徑 18 公分，高 10 公分，江蘇青蓮崗文化，西元前 5000 年前。

飾一模一樣，見圖81。相差兩千年的不同地點竟然有這樣的一致性，絕不能以巧合來看待，如上所言，一定是基於文化上的傳承關係。

青蓮崗文化的陶器種類不多，以泥質和夾砂紅陶為主，製作粗糙。偶爾有彩陶，風格卻迥異於西部的新石器彩陶。生活以農業為主，輔以漁獵的收穫。這個地區已在長江之北，農業以粟作為主，也有製作石磨盤與磨棒等用具；家養豬、

雞，而是否養牛，應該還有待證明，根據推理，應該還有養狗。此時已在地面上營建房屋，面積約為二十到三十平方公尺。埋葬時，頭部常用一個陶缽覆蓋著，是這個地區的特色。

星 xīng ＝ 晶 星

象形字：眾星閃亮、簇擁的樣子。後來加聲符「生」，成為星辰專用字「星」字，區別晶亮的意義。

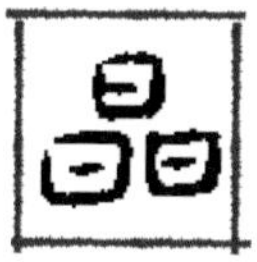

生 shēng ＝ 生

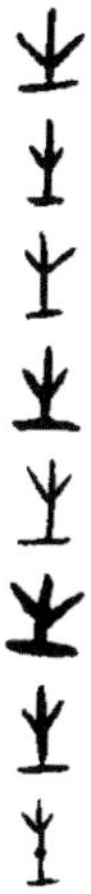

一株青草生長於地上。

第十二章

體態肥胖的甲骨文「豕」字

圖83 這件陶缽為手工成形，作平底圓角的四方形。胎質為夾碳黑陶，表面磨光。從這件陶器的燒製方法來看，可算是龍山文化黑陶的前身，也是燒烤的後期，使窯內缺氧而產生黑煙，讓陶器吸收碳素而變成黑色。這件陶器非常著名，原因在於：在陶器較寬一邊的兩面外壁，各刻劃了一隻「長喙高腳的豬紋」。豬的腹部稍微下垂，四腳微微彎曲，看起來像是正在行動的樣子。包括前腳的前軀約占全身的一半，早期家豬身軀的比例大致如此，為早期家豬的型態提供了一個很好的實例。

如何斷定遺址的動物骨骸是否已屬於家養的階段？一般說來，以遺址所遺留的幼獸骨骼為

七千年前的豬
有長喙和高腳

圖 83
高 11.6 公分，口沿長 21.2 公分，寬 17.2 公分，浙江餘姚河姆渡出土。浙江省博物館藏。西元前 5000～3300 年前。

依據，視骨骼所占的比例而定。幼稚老弱的獸類較少四處閒逛尋找食物，獵人也比較喜愛獵捕身軀大又肉多的壯獸，因此，以打獵維生的方式通常不會擒獲或屠殺大量的幼獸，只有在家畜業已經相當發達的社會，才會因為某種需求而大量屠殺幼獸，或者由於人們繁殖的習慣，才有保留壯獸。還有，遺址中動物某段年齡的軀體占有不尋常的高比例，也表示在人為有意識的選擇下，宰殺特定的動物，因此可以將這個時期視為已進入家養的階段。譬

圖 84
陶釜，高 22.8 公分，河姆渡，西元前 5000～3300 年前。釜下有灶。

圖 85
灰胎黑衣磨光貫耳陶壺，高 12 公分，良渚文化，西元前 33 至 23 世紀。有些有刻劃符號，其中有具形的長柄鉞圖形。

圖 86
灰胎黑衣磨光雙耳陶尊，高 12.3 公分，杭州出土，良渚文化，西元前 33 至 23 世紀。

圖 87
扁足灰陶鼎，高 31.6 公分，浙江吳興出土，良渚文化，西元前 33 至 23 世紀。

如廣西桂林甑皮岩一個距今至少已有八千年的遺址，發現到六十三件豬的軀體，年齡都在一歲半左右，顯然是在最具經濟利益的情況下被宰殺的，於是可斷定那個遺址已發展到家養的階段。再者，骨骼的型態也可供參考。亞洲的野豬，其前軀占有全身七成的比例，而原始家豬的前軀只占全身的一半，現代家豬的體型則已經演變到前軀只占全身的三成。從圖 83 這件陶缽上的豬紋來看，豬的前軀占全身的一半，看來是屬於原始家豬的型態。

在中國，豬可能是在狗成為家畜之後，才被家養的；在距今六千年以前的華北新石器遺址，尤其是墓葬，多見豬、犬，而少見牛、馬、羊的遺骨。豬不太能遠行，生長又迅速，頗適合定居農業社會的需求，所以較早被馴養。中國在西元前三千年以後，野生的牛、羊、馬才陸續被家養，而且牛、羊成為祭祀時的重要犧牲，不過重要性都比不上豬。牛隻有拉犁耕田以及拉車的作用，飼養羊隻則與農業的發展有衝突，而飼養馬匹多是為了提供軍事及運動上的需求。其他只有豬的飼養不但不妨害農業的發展，又由於豬與人都是雜食性動物，糞便都是很好的有機肥料，可幫助農業的生產，所以豬隻的供肉經濟價值一直保持不變，成為中國農業地區最重要的供肉家畜。

按照商周時代祭祀犧牲的品級，豬雖然次於牛、羊，但豬肉無疑已是全民最普及的肉食。

商代供奉神靈時，豬有豚、豕、彘、豖等不同的名目，可以想見商代人烹飪取材時，已有不同的要求；有些時候取材肉嫩的小豚，有些時候則取用多肉、多肥的壯豬；野豬「彘」則吃起來有嚼勁；經過閹割的「豖」則是羶味比較淡。商代人對於其他的供肉家畜，就少見有這麼多種的分類，因為牠們已不是經常食用或一般人可以食用的對象了。

《禮記．大學》記載：「畜馬乘不察於雞豚。」[4] 戰國時代以來，雞和豚是小民所畜養的牲畜，主要是用來謀財利和充實庖廚，牛、羊則是貴族祭祀時所需要的犧牲，而馬匹最主要是為了軍事上的需要而被飼養。

豖 shǐ ＝ 豖

肥胖的豬。

4《禮記．大學》記載孟獻子曰：「畜馬乘不察於雞豚，伐冰之家不畜牛羊，百乘之家不畜聚斂之臣，與其有聚斂之臣，寧有盜臣。」有了四匹馬拉一輛車的士大夫之家，不需再去養雞養豬；祭祀用冰的卿大夫家，就不要再去養牛養羊；擁有一百輛兵車的諸侯之家，就不要去養搜刮民財的家臣。與其有搜刮民財的家臣，不如有偷盜東西的家臣。

彘 zhi ＝ 彘

大的豬。

第十三章 甲骨文日字與氏族名的關係

圖88這件陶器或被稱為「尊」，一般認為是盛裝酒的祭器，這一點實在值得考慮。這件陶器的容量非常大，不是少數人能在短期內飲用完畢。如果盛裝的是酒，一般都會為了防止酒味跑掉而製作成小口的形狀，但此陶器製作成大口。由於這件陶器的底部是尖的，無法自己站立，所以下部應該是被埋在土中，不會輕易被移動，恰如**甲骨文「奠」字**表現出來的樣子：埋置一個尖底器的下部於土地中。盛裝在這個器物裡的東西比較可能是飲用水，安置在公眾的場所，甚至工作場地或狩獵場也可作為水的供應站，讓眾人都能使用。

像這一類的大口缸，往往在靠近口沿的外壁刻劃一個符號。這件陶器上面刻劃的是「有高

四千年前陶器上的族徽文字

圖 88
刻符大口尖底灰陶缸，高 60 公分，山東莒縣出土。大汶口文化，約西元前 2900～2300 年。

圖 89
刻劃「旦」字紋的大口尖底陶尊，高 59.5 公分，口徑 30 公分，山東莒縣，中國歷史博物館藏。大汶口文化，約西元前 2900～2300 年。

長羽毛」一類裝飾物的「帽子」，很可能就是**「皇」字的早期字形** ，人們認為這類羽冠非常美麗，所以「皇」字有「輝煌」的意義。其他還有四種符號，如圖89，它們的形象都是可以辨識的，例如：直柄石斧、石錛等。它們與甲骨文、金文的字形有一脈相承的關係，都採用線條和輪廓的手法，圖繪物體的具體形象，不同於「不具形象的記號」。

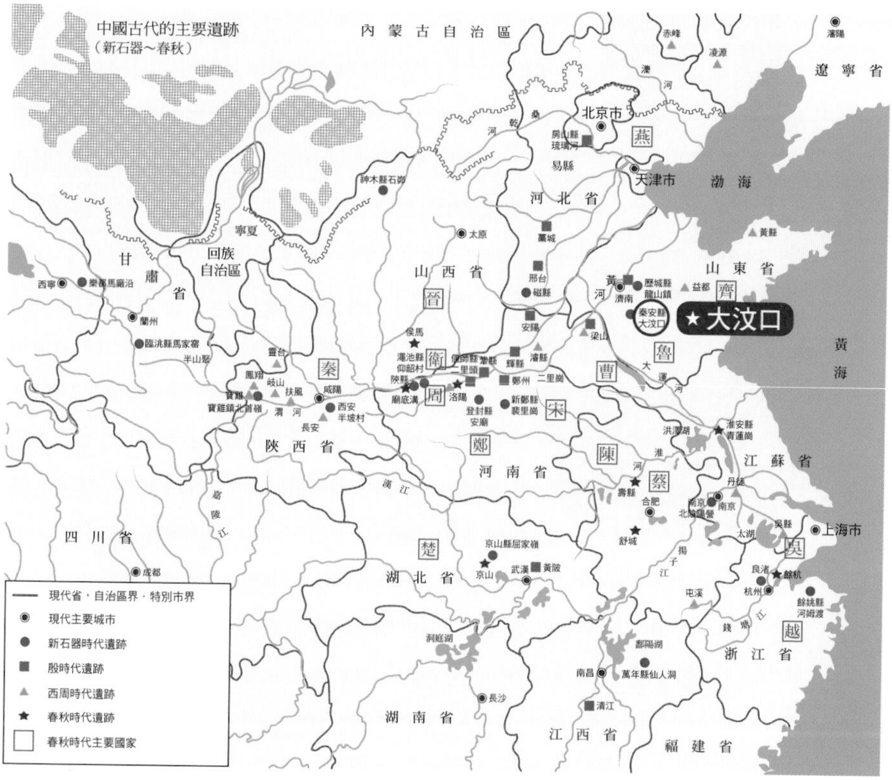

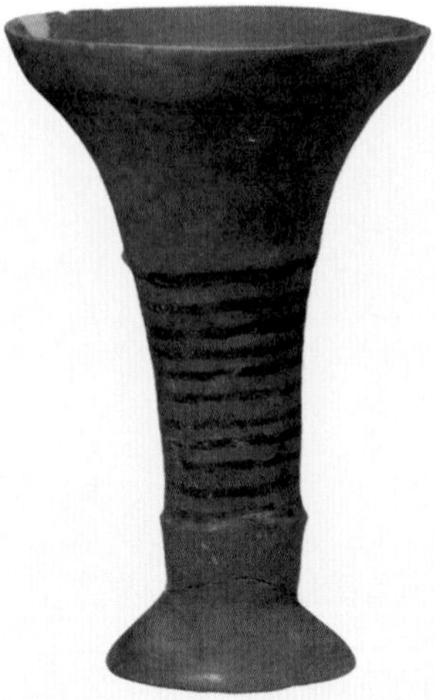

圖 90

觚形彩陶杯，高 18.5 公分，口徑 12 公分，底徑 5.1 公分，山東泰安大汶口出土，西元前 2900～2300 年前。

圖 91

彩繪細泥紅陶三繫背壺，高 17.4 公分，口徑 30 公分，泰安大汶口出土，西元前 2900～2300 年前。腹部一面扁平以利背負，功能好像仰韶、廟底溝文化類型的尖底瓶。

圖 92

高足鏤孔細泥黑陶杯，高 19.2 公分，柄高 9.3 公分，厚 1.2 公分，大汶口末期，西元前 2500 年前。

圖 93
彩繪葉紋陶漏缸，高 41 公分，口徑 30 公分，泰安大汶口出土，西元前 2900～2300 年前。

圖 94
彩繪陶紡輪，屈家嶺文化，西元前 1000～600 年，1979 年天門鄒家灣遺址出土。

在一些商末周初的銅器上，往往鑄有比甲骨文字形看起來更原始、更接近圖像的文字——即所謂的「族徽文字」；學者們一般相信，它們比日常使用的文字，保存了更為古老的傳統。

最令人注意的是其中的一個字形，以日、雲、山三個構件所組成，它可能是「旦」字的早期字形，象徵太陽上升到有雲的山上。商代**甲骨文「旦」字**：太陽脫離海平面，一大清早時候的景象。造字時的創意稍有不同，可能對於劃分一天時間的方

圖 95
山東莒縣出土陶器上的刻劃符號。「旦」字的早期字形。

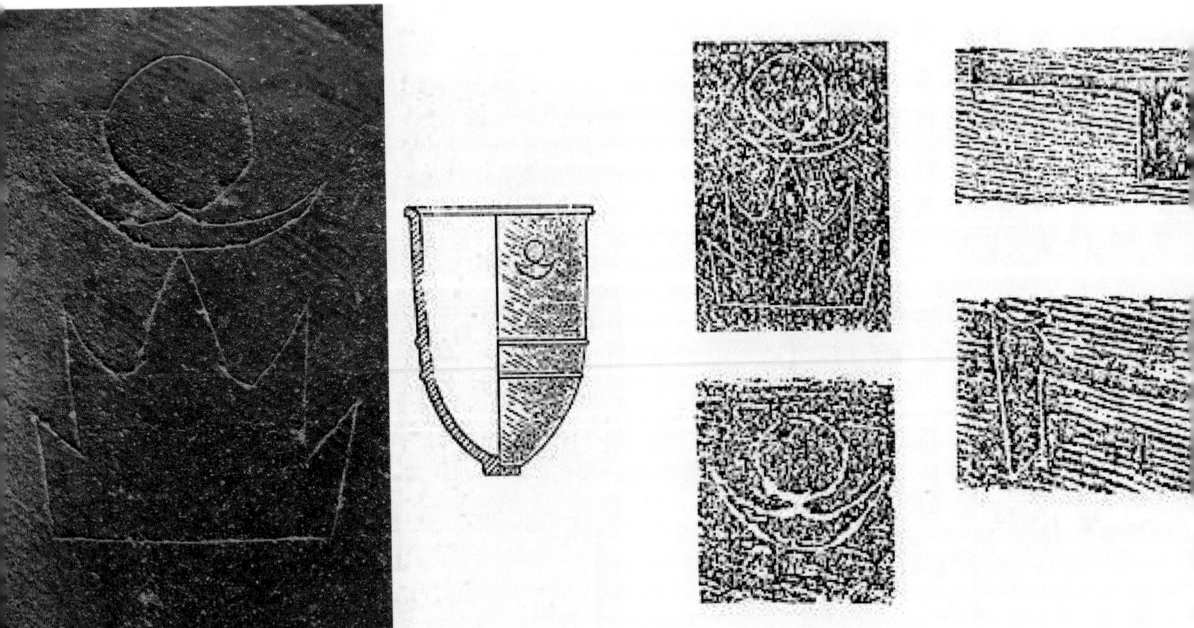

式也稍有不同。古人多居住在山丘水涯，每每以所居的山丘或河流自名其氏族，以表示他們居住的自然環境，如吾丘氏、梁丘氏等。此記號可以分析為「從山旦聲」，它用來表示居住於山區的「旦族」。以象形的符號作為氏族名字或人名，就與隨意、即興的刻劃圖像截然不同，具有十分不一樣的意義。

當某個圖形被選擇為特定部族或個人的代表圖像時，所有熟悉該部族或個人的人們，就比較可能通過這個環節，牢牢把這個圖形與同一音讀、同一意義結合起來；這樣音、義、形三者的密切結合，就具備了文字的基本條件。所以把圖形符號作為氏族名來使用，往往是有定法的文字體系產生的一個重要途徑。

從造字法的觀點來看，這個圖形由多個圖像組合而成，顯然已經不是原始的象形字，應該是表達抽象意義的「象意字」，或甚至是最進步的標出音讀的「形聲字」了。世界各個古老文化，無論在文字的創造、應用的方法上，或是發展的途徑，都有一致的規律；都是先標出記錄內容的主要語詞，然後才發展成有文法的完整語句。初期的文字以代表具體事物的「表形期」為主，逐漸進入指示概念、訴諸思考的「表意期」，最後才是以音標表達意義的「表音期」。所以有不少學者認為這些大汶口的符號可以視為中國文字的開始，也就是說：在四千多年前，中國已有文字的體系。

奠 diàn = 奠

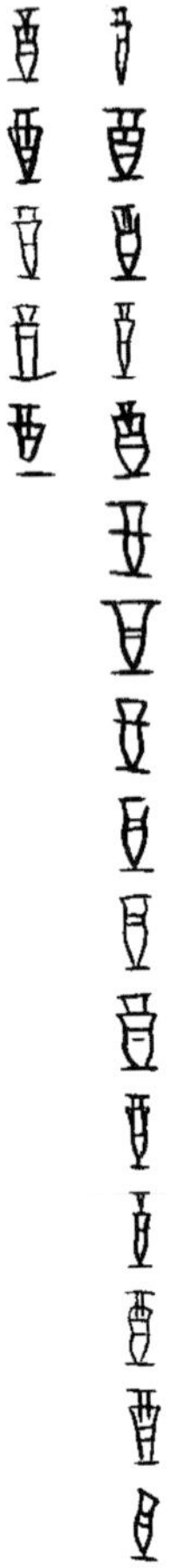

埋置一個尖底器的下部於土地中。

皇 huáng = 皇

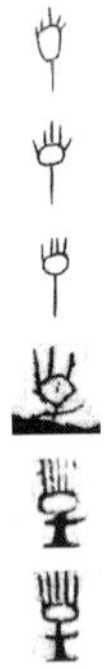

裝飾孔雀羽毛的美麗帽子形，用於舞蹈的時候。形容詞。

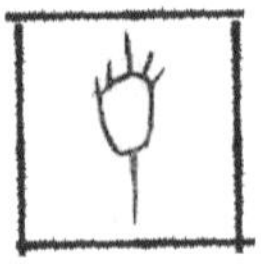

旦 dàn = 旦

太陽即將跳出海面的早晨景象。

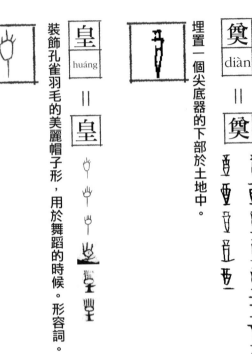

第十四章

陶鬹的發明，有飲水消毒的衛生概念

圖96這個器形怪異的陶器，學者名之為鬹（ㄍㄨㄟ），特點是從器身或頸部延伸出一個長而大的流口，有兩前一後的袋足，一個連接器身與後足的把手。這件陶器的把手像是扭曲一條多股的繩子而成，腹部裝飾捏塑的波浪紋以及乳丁。質料為高嶺土，經過攝氏一千兩百度左右高溫燒成，堅硬而色白。

流口是為了方便把液態的東西倒入某處，這種設計早就

可節省燃料費的陶鬹

圖 97
高頸曲把空足白陶鬹，高 26.2 公分，大汶口類型，約西元前 2900～2300 年。

圖 96
高頸曲繩把空足白陶鬹。高 26.2 公分，大汶口類型，西元前 2900～2300 年前。

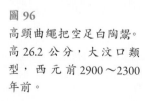

出現在距今六千多年前的仰韶文化，但當時流口都是設計成橫向的，不像圖 96 的這一類陶器，流口是從器的頸部向上延伸出來。這類器物沒有防止酒味走掉的蓋子，因此推測應是盛水的器物。袋足的設計是為了擴大受熱的面積，節省燒火時的薪柴費用，這個器物發明的時代肯定比實體的袋足設計晚很多，似乎要到了龍山文化才出現。袋足的設計起初是為了煮飯的功能，稱之為「鬲」，是自「鼎」分化出來的器物，「鬲」的足中虛（空心），而「鼎」的足為實體（實心）。

燒煮菜羹時，必須不時以匕杓攪動，才能預防肉、菜沉入底部燒焦。因此若做菜的器具有虛空的足，就會妨害到拌攪的動作，無法用匕杓攪拌烹煮中的食材；但用這種器具來煮飯則無妨，因為煮飯不必時時拌攪。「鬲」也可以用來燒水，所以當時的人們就漸漸縮小鬲的口部，因而有了明顯的器身與頸部的區別。另一方面，為了方便傾倒，於是就延伸口部，設計成一個流口，逐漸製作成像圖 96 這一件陶器的長直筒形式。基本上，這種長直筒式頸部的鬶是屬於沿海地區的產品。

古時候的人們一向生飲井河裡的水，為何五千年前龍山文化的人們會需要用火來燒水呢？似乎除了衛生的原因，沒辦法想出更合適的理由。水燒開之後，可以殺死生水中的微生物，降低疾病發生的可能率，這是今日人人都曉得的道理；但在古代，這應該是一種革命性的新觀念。這種陶鬶普遍發現在這個時代的遺址，說明當時人們已普遍用陶鬶來燒煮開水，已經有飲水消毒的概念。不但如此，它還表明當時人們有預防疾病發生的知識（也有可能用溫水洗澡，或者也可能是因為水源受到汙染，而需要消毒）。

很多動物有與生俱來的本能，知道食用某些東西可以療治創傷，遠古的人們也有這種本能，懂得某些外傷的治療方式，也已經有使用藥物去敷治外傷的能力。比如：在菲律賓叢林裡，有過著舊石器生活的山洞野人，他們沒有神靈的觀念，生病時任由病勢蔓延，除了輾轉呻吟，依靠體內自身的防疫本能以外，並不知道向鬼神求救。但一旦這些山洞野人被蛇咬到，卻知道用某種特定的草藥來治療傷口。常見的外傷病癥清楚，從累積的經驗，知道某種草藥對一些外傷有必然的療效，因此能夠對症下藥。如果是內科的病，因為沒有明顯的發病原因，所以無法對症下藥。當一個社會對於內科的疾病有基本的認識，並且能遵循一定的治療方針時，才可以說某時代已萌芽了醫學知識。飲水消毒的觀念不屬於外科的範圍，是一種預防內科疾病的行為，似乎可以就此視為醫學知識正在萌芽中。

這種特殊型態的容器，流行時間不到一千年，在西元前二千年以後，就不再見到類似的器物。為何這種陶鬹會消失呢？可能是因為這種陶鬹的口徑太大，防止灰塵與保溫的效果都比較差，於是人們就把流口封起來，只留下一個小的管流，這種新的器形稱之為「盉」。商代早期的「盉」都有大的袋足，但是到了後來，實體的足取代「盉」的空心袋足，這或許是因為原先節省薪柴費用的經濟效益不再被重視了，但目前尚無法証實。

食 shí = 食 

食器的上面有熱氣騰騰的食物，並加上了蓋子。

鬲 lì = 鬲 

三空足的煮食器形。

第十五章 化身爲甲骨文甗字的遠古蒸鍋

圖98（見本書第一七五頁）這種形狀的器具叫作「甗」（ㄧㄢˇ），是蒸煮食物的炊具。甲骨文裡就有**「甗」的象形字**。「甗」可以是一件成形的器具，也可以兩件套合來使用。把水放進下部的鬲（附有袋足），然後在上部的甑盛放食物，鬲中的水燒滾後成為水蒸氣，透過甑底部的孔洞，而把甑中的食物蒸熟。雖然這是一種麻煩且費時的烹飪方法，但開始應用於日常生活的時間並不晚。不過，製成甗器形的設計卻是相當晚的事，甗器發明的歷史還不到五千年。

人類利用陶器燒煮食物有一連串的過程，很可能最先是以石煮法在陶器中燒食，然後發現陶器有傳熱的功能，才改良從外頭用火燒烤陶器中的水，以煮熟食物。後來又因為某種機緣，發現水沸騰時產生的水蒸氣也有燒熟食物的功能，加上這種方式所燒出來的食物，與傳統水煮的滋味不一樣，因此講究美食的人就開始了甑類陶器的製作。

「甑」是稱呼底部有孔洞的容器名字，距今七千多年前就曾偶爾出現「底部有孔洞的陶器」，雖然它比較可能是拿來過濾液態的東西，但也不排除可以用來蒸煮食物。

初期的甑可能沒有固定的形制，也沒有與之配套使用（上面盛物，下面盛水）、用來盛水的燒煮容器。人們在有需要時，才臨時選用一件配套的器皿。初期蒸煮的食物可能以穀類為主，後來也會選用菜蔬和魚肉等食材。利用這種烹飪方式炊煮米飯時，煮熟的飯粒不黏，味甘適口。但用蒸氣來煮飯比較費事，而且飯的顆粒不能飽吸水分，要食用比較多量的穀子，才能填飽肚子。對於一般人來說，蒸煮米飯是不經濟的烹飪方法，而且使用這種方法蒸煮穀物時，還要在底部放置一塊布。這塊布用來防止細小的穀粒掉到下面盛水的容器裡，而布的小孔隙不妨害水蒸氣通過孔隙，即使放了這塊布，仍然可以蒸熟上面的食物。人們可能嫌棄這種蒸食法太過麻煩，因而早期並不常使用甑，到了商代，才漸漸使用甗，一直要到東周時代，蒸煮才成為重要的燒飯方法。從蒸食器具的使用，或者可以推論在七千年前已有紡織的布料。

蒸煮的炊具

圖 98

壓印紋灰陶甗，蒸煮的炊具。高 50 公分，河南淮陽出土，西元前 2500 年前。

圖 99
四足銅甗，高 105 公分，江西新干出土，晚商，西元前十四至前十一世紀。

圖98這一件陶甗是一體成型的，在製作時，要分別捏塑各個部分，然後再套合完成。兩件式的甗，下部的容器有開口，上部的容器則是底部有細孔（水蒸氣上升，通過細孔後煮熟食物）。由於陶器在燒造時會收縮，要分別燒成上下兩件，並使套合處非常密合，這是有困難度的工藝。使用這種兩件式的陶甗時，可能還要在套合處繞上一塊溼布，才能防止漏氣。所以最好把上下兩部分連成一體後，再拿去燒造，才不會使用時有漏氣的顧慮。

一體式的甗，因為下面盛水的部分也需要清洗，就不能製作成上下容器不相通的區隔設計。因此上半部不能採取有底的設計，而是必須製作成透空的容器，然後另外製作一件有透孔的「箅」，使用的時候，把「箅」隔在中間，以置放食物。分析圖 98 這一件陶甗的製作方式：手工分別捏塑底部和上部兩件容器；而且從器形不太規整的輪廓，可得知當時沒有使用轉輪去塑造器具的外形；在兩件容器接合的地方，用水抹平，又用繩子在表面壓印花紋之後，才送進窯裡，以還原焰燒成，而完成了這件灰陶甗。

到了商代，也有用青銅去鑄造甗的，也一樣有一件式和兩件式的分別。一件式的甗由於使用的型範較多，套合型範時的程序也比較複雜，需要更為純熟的技巧。像圖 99 這一件晚商作品，鬲的部分製作成四足，使用的範塊更多，而且需要更高超的技術；上下兩部分的四角都裝飾著商代晚期才發展的「脊棱」，左右兩個立耳之上，也附加了動物的立雕，可以看出設計者講求盡善盡美的用心，是一件很傑出的作品。

甗 yǎn ＝ 甗

蒸煮食物的炊具。

第十六章

高階層的人葬儀用的黑陶杯

圖100

這件陶器的外表烏黑光亮，製作上非常講究，質料是經過多次過濾篩選的細泥，一點雜質也沒有。製作的時候，一般是在快輪（轉速快的輪盤）上成型，所以形狀非常規整，在盤口和足上常留下細密的旋轉痕跡。在陶坯還溼潤時，用鵝卵石磨擦表面，所以散發亮光，為一般陶器所沒有的外觀。在陶坯乾燥且形狀固定之後，又常刮削表面，使器體變得輕薄。盤口的厚度一般只有〇・〇五公分或是再薄一些，像這一件陶器，甚至只有〇・〇二公分厚度，所以被稱讚為蛋殼陶。握柄以及足部因為要承受上面的重量，所以要製作得厚一些，但厚度也不過才〇・一到〇・二公分之間而已，因此重量非常輕盈，像這件二十公分高的器物，大致才重

墓葬中發掘的高級黑陶杯

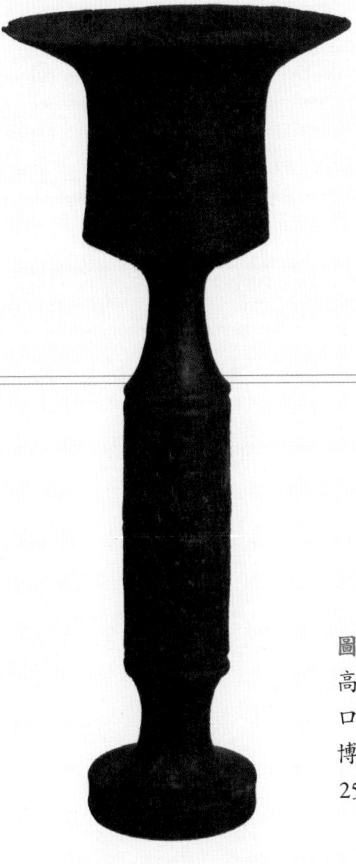

圖 100

高足鏤孔磨光細泥黑陶杯。高 20.7 公分，口徑 9.4 公分，山東日照出土，現藏山東省博物館，山東龍山文化類型，約西元前 2500～2000 年前。

四十公克而已。

製作這種陶器時，在高溫的還原焰燒烤的後期，必須讓窯裡頭缺少氧氣而產生黑煙，使陶器吸收碳素而變成黑色。這種黑色硬陶的製作如此費工，一般只在大型墓葬中出現，可以說是專屬於高階層貴族的用具。

高足杯是山東龍山文化典型的高級產品，在飲酒普及以前，不曾見過這種高足杯的形狀，學者一致認為這一定是為了飲酒而設計的酒杯。高足杯的製作常分成四個部分：盤口、杯體、器柄和圈足。都不是一次成型，而是分段塑型後，再黏合起來的。有時會燒成可以套合起來的兩件式器具：柄與足一件，口與體一件；有時整體燒成一件器具。大概是為了兼顧美觀與減輕重量，器的柄部都製作成空心，而且經常鏤刻上透空的孔洞。在黏合的時候，如果尺寸稍有不合，就會破壞美觀而成為次級品了。

圖100這件陶杯是山東龍山文化的代表文物。龍山文化的得名緣由是因為在山東省章丘縣龍山鎮城子崖發現到遺址。因為初次發現這一類的黑陶器，所以初始命名為「黑陶文化」。一般認為：「黑陶文化」與西方仰韶文化發展的彩陶對立，「黑陶文化」是屬於東方的文化。隨著越來越多的遺址被發掘後，知道文化系統與來源都不是單一的，於是以龍山文化作為西元前

圖 101
黑陶尖口杯，高 16 公分，河南王城崗出土，西元前 2000 年前。

圖 102
黑陶曲把杯，高 9.2 公分，河南龍山類型，西元前 2000 年前。

圖 104
瓜棱形灰陶杯，高 13.9 公分，鄭州出土，河南龍山文化，西元前 2600～2000 年。依據器口的形狀，應該有蓋子。

圖 103
紅陶蓋鼎，高 12.2 公分，朱封出土，山東龍山類型，西元前 2000 年前。

圖 105
四繫弦紋黑陶罍，高 25 公分，朱封出土，山東龍山類型，西元前 2000 年前。

三千至二千年之間整個華北地區的文化通稱，再細分成典型的山東龍山文化，以及由仰韶發展而來的廟底溝二期文化、河南龍山文化、陝西龍山文化、山西陶寺等五個類型。

山東龍山文化上承大汶口文化，年代約在西元前二千五百至二千年。陶器普遍使用快輪成形，所以容器形狀大多規整，又以有支腳的器型居多。龍山文化的人們在地面上夯築土台式的房

圖 106

磨光黑陶盒、雙耳杯、單耳杯，膠縣三里河出土，山東龍山類型，西元前2500～2000年前。陶色十分純正，可能用滲碳的技術製作。

圖 107
泥質磨光黑陶鼎，腹飾乳釘弦紋，高 15 公分，山東龍山類型，西元前 2000 年前。鼎為烹飪器，一般使用夾砂製作。從器足尚顯露紅色，推測先以氧化焰燒，器身以短時間還原焰燒製。推測可能以熱的器身埋在稻殼中製成，足未被悶燒，所以成為紅色。

圖 108
壓印弦紋泥質磨光黑陶雙耳杯，高 12.5 公分，山東龍山類型，西元前 2000 年前。底部像圈足，實際是平底。

屋，而且這種房屋能並列成排，可算是密集的社區。

至於埋葬，以單人仰身直肢為主要方式，不但有棺木，還有木槨或石槨。隨葬品也有明顯的質與量的差別。工具大都為農具，漁獵的活動不多。銅鋅共生礦豐富，用簡單的方法就可以提煉出黃銅，也出土了黃銅製的錐形器物，所以有學者認為：中國的金屬冶鑄術可能不經由還原紅銅的階段，直接就以銅合金的青銅或黃銅

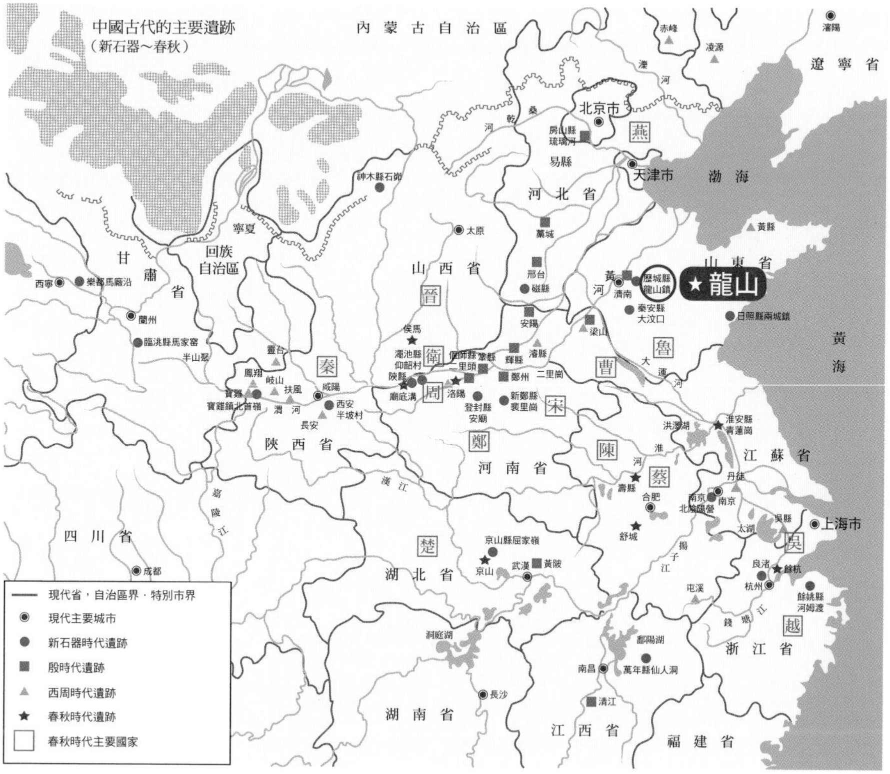

原料鑄造器物。

龍山時代已進入區分階級的時代，有些人不從事生產，完全依靠別人的勞動成果過活。為了標榜他們的身分，還針對衣飾和生活用器，作了特殊的規範和形制，高足磨光黑陶杯就是其中之一。這種黑陶杯的發現數量不多，常在墓葬中單獨放置，擱置在頭部、腳部或上肢的一側，不與其他陶器混雜在一起，所以可能不是日常的生活用具，而是遵行禮儀時的特殊用具。

葬 zàng ＝ 葬 

一個人躺臥在棺內的床上。

同場加映

① 從木屐的出土，推測發明鞋子的由來

② 塗朱漆碗：「漆」字中的採漆法

③ 中山國王充滿藝術之美的磨光黑陶尊

同場加映①

從木屐的出土，推測發明鞋子的由來

圖109這是一雙木屐，其中左腳的部分，略依左腳的外廓製作，右上端比左上端稍微高一些。上頭鑽有五個圓洞，排列是上一、中二、下二。屐底的中部和下部的穿孔部分還挖了橫槽，以便相貫通，除了有便於穿繩繫縛的作用之外，也使繩索卡在槽內，減少磨損並保持底部的平穩。從穿孔以及橫槽的位置來看，上端洞的穿繩與中間兩洞的橫穿繩相聯繫，以便套住腳背。穿著的時候，大拇指和第二趾夾住穿過的繩子，和現在的涼鞋穿法相同。下兩洞的橫向繩子則是套住腳後跟，應該還與中間的穿繩作縱向的聯繫，才能便利使用。日常穿著時，腳後跟不需要套住，而這件木屐既有套住腳後跟的設計，必然有使用上的必要性。

圖 109

通長 21.2 公分，頭寬 8.4 公分，跟寬 7.4 公分，浙江寧波出土，寧波江北區保所藏。良渚文化，西元前 3300～2200 年。

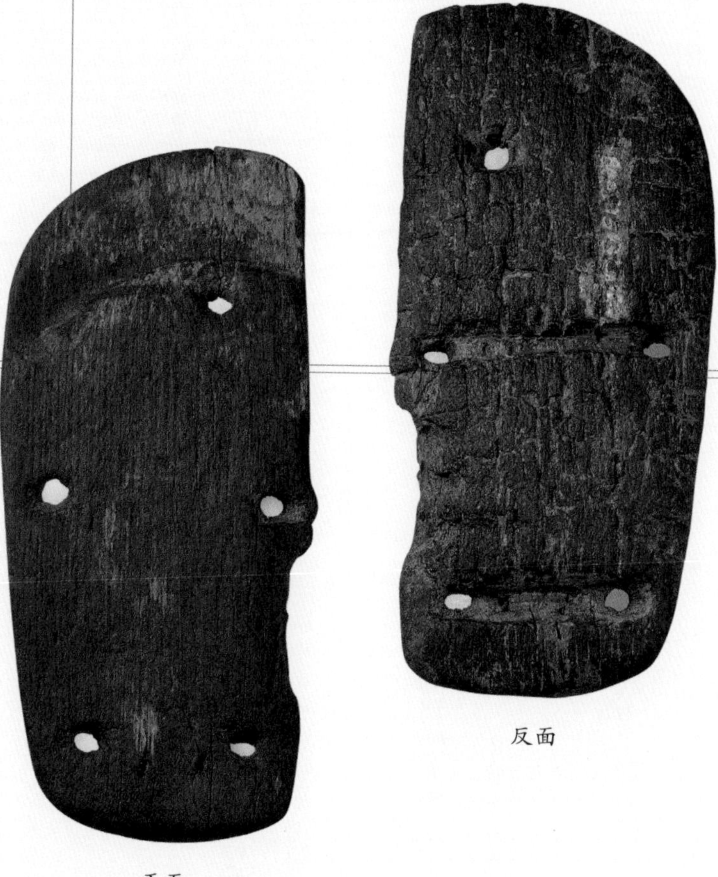

反面

正面

木屐出土的遺址位在湖邊，木屐的使用可能與「在水裡工作」有關。湖邊淺水區的淤泥中常暗藏尖銳的貝殼破片或荊棘尖刺，人們常在那兒撿拾水生物，作為三餐食用，如果赤足下水，很可能會受到傷害，所以有必要穿上「墊足」的物品，而且這個墊在足下的東西也必須緊緊地套合在一起，才能在水中行動自如。至於材料，則以木頭最為方便和耐用。

很多事務是順應工作上的需要而發明，而這個木屐的製作目的是「保護腳不受到傷害」，似乎也可以此類推：鞋子是為了工作的需要而創造出來的。不過，人和其他動物一樣，一雙腳本來就是為走路而生，皮膚自然而然中會硬化，而且除非在特別惡劣的環境，不會輕易被路上的石塊所割傷。

但是人類赤腳走路已經有幾百萬年的歷史，不會突然為了「保護雙足」的目的而興起穿鞋的念頭。鞋子還有另一個功能：保持腳的乾淨；很可能人們為了工作上的需要，必須保持雙腳的乾淨，這才是使用鞋子的真正用意。

鞋子在古代稱為履。《釋名》有「履，禮也。飾足所以為禮也。」可能說中了穿鞋子的真正原因。**「履」字的西周字形** ，描畫一個人腳上穿著「一隻如舟形的鞋子」；鞋子的形狀和船舟很像，如果簡單畫個鞋子的形象，就會與**舟字**混淆，所以加上「人穿著」的樣子，以突顯

穿上鞋子的意義。但是在描畫履字中的人時，卻特別強調了這個人的眉毛與眼睛的細節；鞋子穿在腳下，與高高在上的眼睛根本扯不上關係，創造文字的人卻不嫌麻煩，非得把頭部的特徵給描畫出來，就是為了表現穿鞋子的人的身分。

早期的文字中，若特別畫出人的顏面細節，都是因為他們屬於貴族的身分。例如：巫祝在古代也屬於貴族的行列，主持禮儀是他們的職務，最有需要踏進廟堂莊嚴聖地的也是他們，因此他們是最有可能率先穿上鞋子的人，其次才是有機會參與禮儀的貴族。在古代，能參與禮儀是士君子們才擁有的資格，所以穿用鞋子的人也一定是有地位的貴族。到了後來，才發展成人人皆可穿用的東西。

推測鞋子演進的經過，大概可假設如下：保持廟堂裡乾淨的環境是很多社會都有的習慣，很可能古代在進入廟堂之前，有先洗去足上汙穢、以免侮慢神靈的習俗。臨時洗腳恐怕會有點匆促，而且洗腳的器具也會占用場地空間，擾亂肅穆的氣氛，所以為了方便起見，就事先以皮革包裹已經洗乾淨的腳，臨到行禮時才取去皮塊，以保持雙腳的乾淨。為了行禮避免汙穢神聖的廟堂是新的情況，需要新的應變措施，才有以皮革包裹腳的動機。此臨時派上用場的皮革在日後，就慢慢發展成為縫製的鞋子了。

履 lǚ ＝ 履

一隻如舟型的鞋子。

同場加映②

塗朱漆碗：「漆」字中的採漆法

圖110 這件木碗為木胎所挖製，口徑與圈足都不是很圓，器壁較一般的日用容器厚很多，口沿及器壁都殘壞得甚為厲害，可能出土後又因新環境溼度的變異而導致變形。這件雖不是精緻的工藝品，但器壁外面塗了一薄層微見光澤的朱紅色塗料，經過光譜分析的檢驗，與馬王堆漢墓出土漆皮的裂介光譜圖相似，結合化學分析，可以證實為天然漆。它算是中國漆器最早期的漆器成品之一，所以意義重大。上海青浦一個五千五百年以上的遺址，也發現一個彩繪黑皮陶豆，這些遺址都在適宜漆樹生長的潮溼地區，應可認定它們都是有用意的使用。

圖 110

高 5.7 公分，口徑 10.6～9.2 公分，底徑 7.2～7.6 公分，餘姚河姆渡三文化層出土，浙江省博物館，西元前 3500 多年前。

中國傳說漆器始於四千五百年前，《韓非子．十過》說「堯禪天下，虞舜受之。作為食器，斬山木而財之，削鋸修之跡，流漆墨其上，輸之於宮以為食器。諸侯以為益侈，國之不服者十三。舜禪天下而傳之禹，禹作為食器，墨染其外，朱畫其內。」論點一點也不誇張，甚至年代還有點保守。

戰國時代的「漆」字  作一株樹的外皮被割破而汁液流出的樣子。現在採漆還是使用類似的方法，以刀割破樹皮，插入管道讓汁液順流入桶中。自然漆採取自漆科木本植物的樹幹，其主要成分是漆醇，經過脫水加工提煉後成為深色的粘稠狀的液體。這種濃液塗上器表以後，等到溶劑蒸發即成為薄膜。空氣越潮溼則漆層越容易凝固。凝固後具有高度抗熱和抗酸力。經過打磨後更能映照出鑒人的光亮。它於乾燥後呈黑色，如果於溶液加上丹朱則成紅色。如果調和其他礦物或植物的染料和油，更能調出各種濃淡的色彩。春秋時代已發展到有鮮紅、暗紅、淡黃、黃、褐、綠、白、金等諸多色彩。

商代的漆器已頗鮮豔，有時也塗於木器以外的陶器、皮革、金屬等不必加以保護的器物。後來又塗於苧麻布之外，成品輕盈鮮豔，為銅器所望塵莫及。想見古人用漆，最初是借重其光澤，後來才發現其薄膜有增加木器耐用的性能，因此才大量施用於木器。所以漆業的發展與木器業有密切的關係。而木器業又與其製造工具的材料有絕對的關係。木材大半粗素而無紋，或紋目不明顯，不加漆塗就顯不出其令人喜愛的色彩和光澤。人們之所以貴重木器，主要還是借重於漆的色澤。

早期的漆器出土很少。可能是因為漆主要施用於木器，難於長期保存於地下。或漆層太單薄，容易脫褪不顯。也可能是商代以前木工的工具是石製或銅鑄，製作木器費時，連帶使用漆料也不多。到了鐵器大量使用的春秋、戰國時代，才大量出土種類廣泛的漆木器，舉凡食具、家具、武器、樂器、墓葬、日常用具，應有盡有。應該是由於地下埋葬環境的關係，古代漆器幾乎都出土於楚地，經過二千多年的埋藏，出土時大多還是鮮豔如新。

同場加映③

中山國王充滿藝術之美的磨光黑陶尊

圖111這件黑陶尊的器身部分與一般日常用器同樣呈現直口的圓球狀，但全體造型顯然是模仿鴨子。這種特殊的造型不常見，堪稱是一件設計新穎的傑出藝術作品。以鴨頭的口作為流口，以鏟狀尾部作為柄，壺身下加兩隻扁蹼足，雖然外型樸拙得像一隻沒有豐滿羽毛、蹣跚步行的鴨子，卻憨態可愛。這件精美的容器應該是為了盛裝酒使用的，而非裝水。裝酒容器一般名之為尊，尤其是以鳥獸為造型的，所以美術書籍大都以尊稱呼這件文物。晚期有流口的酒器大都叫為壺，這件容器有明顯的流口，所以也可以稱之為壺。

國王的奢侈藝術品

圖 111
通高 28 公分，最大徑 36.2 公分，河北平山中山王墓出土，現藏河北省文物研究所。西元前四世紀。

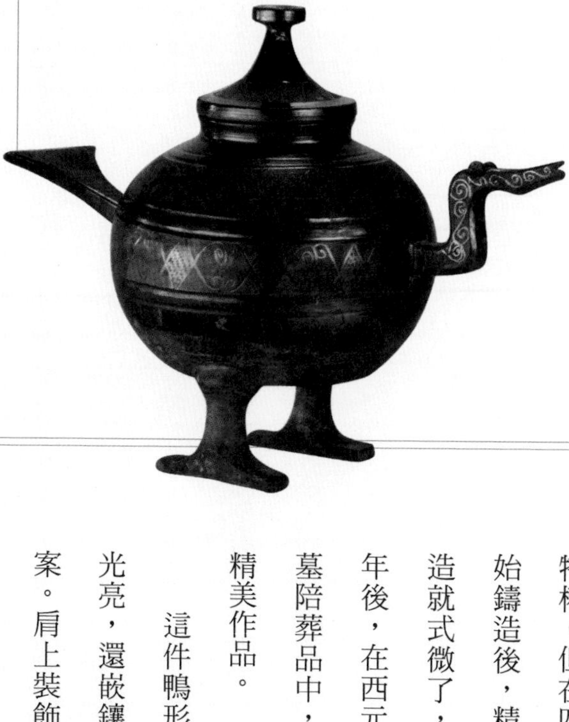

磨光黑陶的製作非常費工夫，在四、五千年前山東龍山文化的時代，多見於大、中型的墓葬，精製的更是少數高級貴族的特權。但在四千年前青銅禮器開始鑄造後，精緻的磨光黑陶的燒造就式微了，沒想到隔了一千多年後，在西元前四世紀的中山王墓陪葬品中，竟發現五件這類的精美作品。

這件鴨形的黑陶壺不但漆黑光亮，還嵌鑲線條精細的白色圖案。肩上裝飾着內填橫線的卷雲紋，或是變形的獸紋，下部裝飾頭尾相反的幾何形紋，壺嘴有相背的圈紋。在戰國時代，青銅器物已不是最高貴的東西了，取而代之的是輕盈亮光的漆器。漆器最常見的顏色是紅與黑，看來這五件黑陶有可能是仿傚錯金、錯銀的漆器作品了。

中山在春秋、戰國時代始終是個小國家，其習俗與中原諸國有點差異。領土甚至還可能有過遷移，戰國時座落在太行山東麓，在現在的河北石家莊市附近，地勢西高東低，有山陵、平原與河流。由於國土小、國力弱，參與國際政治的活動少，史籍很少記載中山國的事蹟，以趙國的軍隊為主力，費了五年的時間，與齊、燕合力於西元前二百九十六年消滅了中山國。

戰國時代晚期的中山雖是個小國，國力不能與其他的七國比擬，但是王陵的修建卻非常壯大與豪奢。隨葬物品非常多，不計車馬、兵器、棺槨、建築等的銅零件，銅器有二百四十九件，玉器六百八十一件，石器八十八件，玻璃器十五件，以及骨、角、木、陶、鐵器等等，甚至還有較少見的幾十匹馬與馬車坑、船坑等等。王陵還出土一件長方形的兆域銅版，用金，銀絲鑲錯出陵園的平面圖，包括墓葬與享堂的名稱與各部分的尺寸，是古代唯一的陵園藍圖。推算後，一步為五尺，一尺為二十二公分，可算是古代建築與度量衡制的重要文件。

中山王和臣下們絕對不是因為沒有財力購置漆器，才以價格較廉的仿漆器隨葬。中山王的墓中，從所見的銅構件可以肯定當時也隨葬了很多漆木器具，只是都腐爛掉了。一個應該不是很富裕的國家，卻為一位國王的墓葬花費不貲的錢財，絕不能稱之為賢君。但為了創造特別的美術效果，才委請工匠燒造了這五件陶藝史上非常傑出的，永久被懷念的另類作品，所以不妨把中山王看作是一位喜好藝術的雅士。

圖 112

變形獸紋磨光黑陶鼎，通高 41.1 公分，最大徑 38.5 公分，模倣銅鼎，河北中山王墓，西元前四世紀。河北省文物研究所藏。

石灰岩磨製石磬：戰爭的預兆

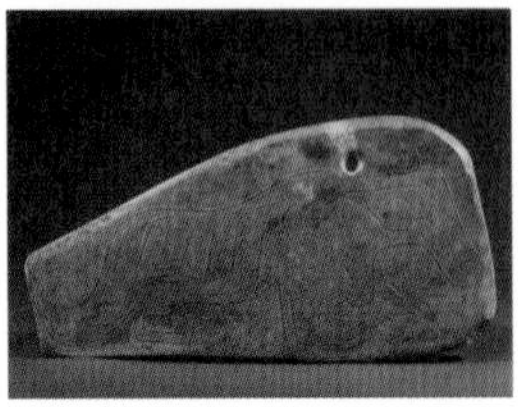

p.033
石灰岩磨製虎紋石磬。長 84 公分，河南安陽出土，北京中國歷史博物館收藏。晚商，西元前十四至十一世紀。

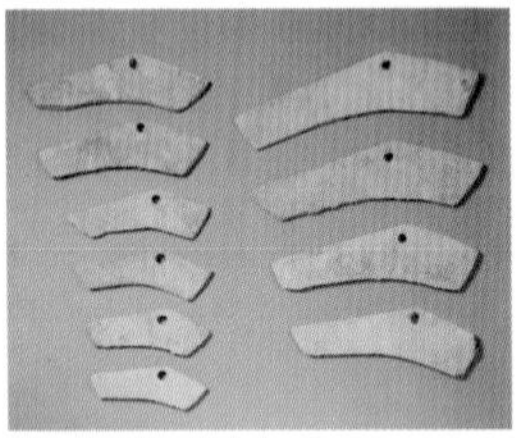

p.034
編磬，大件：鼓 37.4 公分，股 22.9 公分；小件：鼓 19 公分，股 10.8 公分。約西元前 550 年，石質呈灰白色，大小不一，整組為一套成組樂器，共十件。器表面光素無紋，在鼓與股之交角處即倨句，均開一個圓孔，乃懸掛於架上時穿過繩索使用。

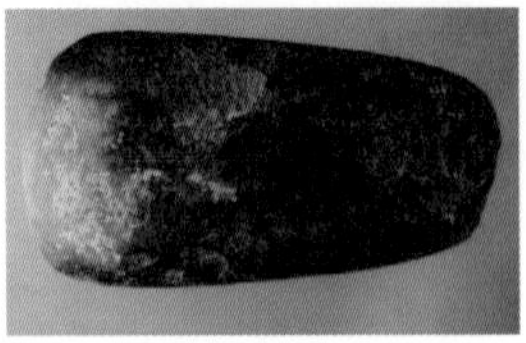

p.023
半磨製石斧，長 10.7 公分，赤峰興隆洼出土，西元前 6200 ～ 5400 年前。

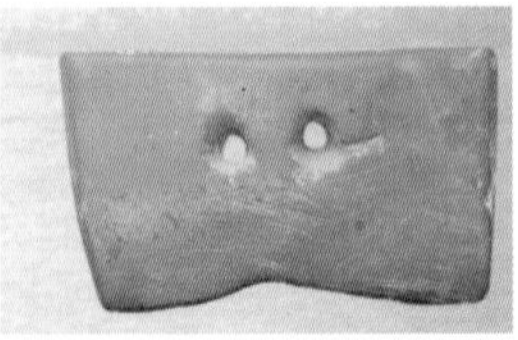

p.023
雙孔石刀，長 9.5 公分，西周，西元前十一至八世紀。穿繩而套在手上使用的收割工具。

p.024
各式磨製石斧，長 8 ～ 20 公分，新石器至商代，西元前 3000 ～ 1000 年。

石磨盤與石磨棒：象徵收割農作物的喜悅

p.029
磨盤長 52.5 公分，磨棒長 28.5 公分，河南舞陽賈湖出土，約西元前 6000 ～ 5500 年前。

磨製石斧：「父」親的假借字

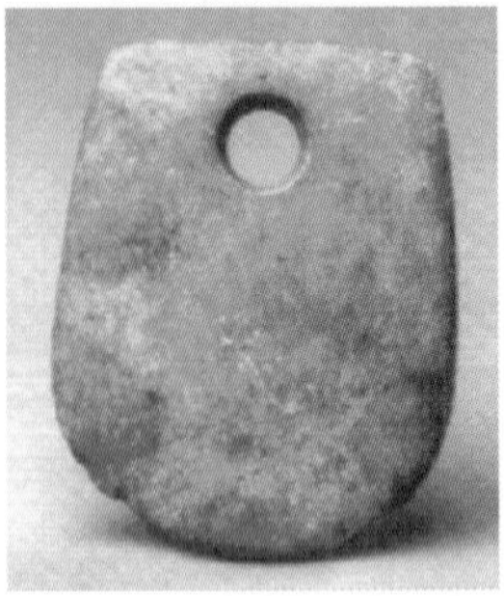

p.021
長 14.9 公分，加拿大安大略博物館收藏。青蓮崗類型，約西元前 3300 ～ 2500 年。

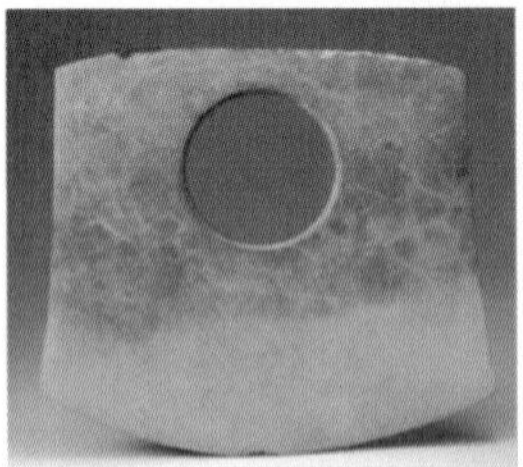

p.022
石鉞，高 17 公分，寬 16.7 ～ 19.3 公分，厚 0.7 公分，孔徑 6.4 公分，良渚文化，西元前 3300-2000 年，浙江海寧出土，浙江省文物考古研究所藏。青灰色泥岩，形制規整，體大而薄，穿孔兩端留有條狀朱砂痕，為綑縛於木柄的遺痕。

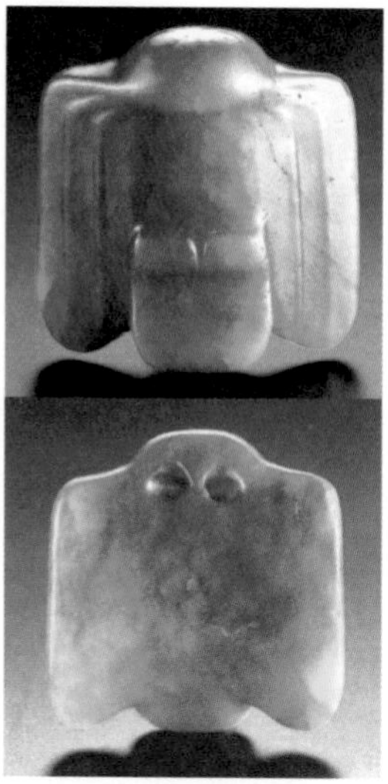

p.052
淡綠玉鳥形珮飾，長 4.7 公分，寬 4.7 公分，厚 0.6 公分，新石器時代，紅山文化，西元前 3000 ～ 2000 年。

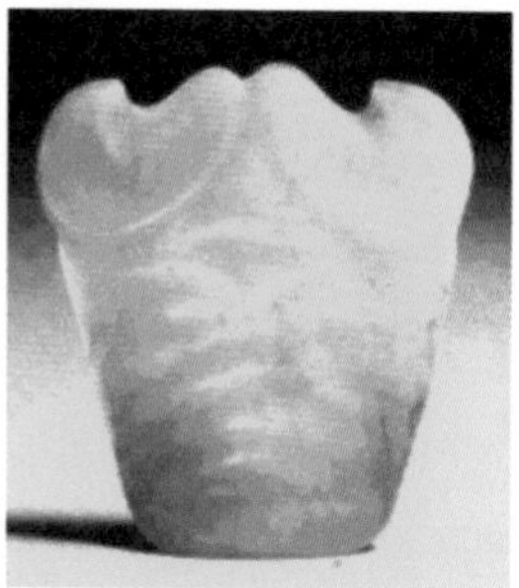

p.052
牛頭形淡綠玉珮飾，高 5.9 公分，紅山類型，西元前 3500 ～ 2200 年前。背面有二對上下對鑽式的孔洞，可以穿繩繫佩。

p.047
碧綠岫岩玉角龍，高 26 公分，內蒙，卷曲如 C 形，與 S 形的龍有別。身體正中有一小孔，若懸掛，則頭下垂。紅山類型，西元前 3500 ～ 2200 年前。內蒙古自治區昭烏達盟翁牛特旗博物館藏。

鳥身人面的扁鵲起源？

p.051
高 5.1 公分，寬 5.9 公分，現藏加拿大皇家安大略博物館。紅山文化，西元前 3000 至 2000 年。

古人「以示決心」的玉玦

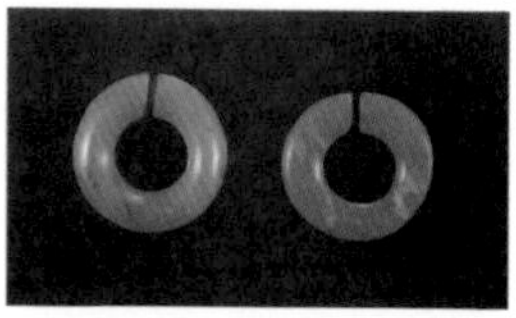

p.041
外徑 2.8 ～ 2.9 公分，最早玉器。內蒙赤峰興隆洼，西元前 6200 ～ 5400 年前。

玉製的防蚊項圈

p.045
高 7.9 公分，紅山文化類型，西元前 3500 ～ 2200 年前。

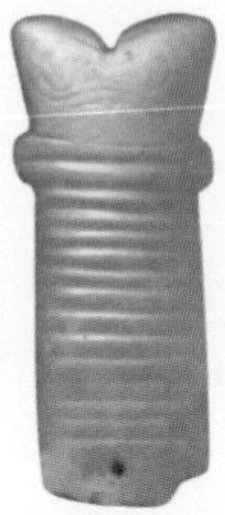

p.045
獸面紋異形黃色玉器，長 12.1 公分，遼寧阜新，紅山類型，西元前 3500 ～ 2200 年前。下有鑽孔，用途不明。造形較之其他紅山玉器複雜。遼寧省博物館藏。

頭戴羽戴的神人獸面紋：象徵靈魂上天

p.065
高 8.8 公分，長寬 17.6 公分，孔徑 4.9 公分，重 6500 克。浙江餘杭出土，良渚文化，約西元前 3300 ～ 2200 年前。

p.067

p.067
三節變白玉琮，顏面紋飾稍比上例複雜，反山出土，高 10 公分，孔徑 6.6 公分，西元前 3300 ～ 2200 年前。浙江省文物考古研究所藏。

鉞：處罰罪人的權威器具

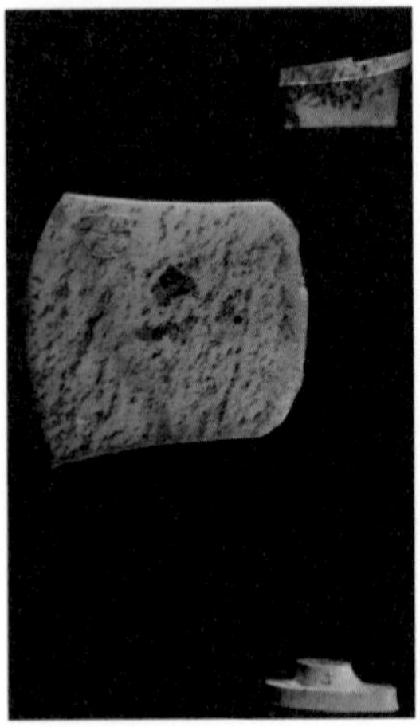

p.059
玉鉞高 17.9 公分，刃寬 16.8 公分，厚 0.8 公分。木柄已腐化，全長約 80 公分，浙江餘杭反山出土，現藏浙江文物考古研究所。良渚文化，西元前 3300 ～ 2200 年前。

p.060
刃角兩面的對稱位置上，各雕琢有圖像：上角為神人像和獸面紋組合的神徽，頭戴羽冠，四肢俱全；下角為鳥紋。良渚文化中，僅此鉞有此裝飾，被譽為「鉞王」，鉞本來是武器，但此玉制的鉞質地易斷，非實用武器，而是儀仗用品。

p.055
鉤雲形淡綠玉珮飾，長 22.5 公分，形態類似而多樣化，牛河梁，紅山類型，西元前 3500 ～ 2200 年前。

p.055
馬蹄形淡綠玉器，高 18.6 公分，牛河梁，紅山類型，西元前 3500 ～ 2200 年前。常出現在鄰近頭部的位置，下端平整，兩側有小孔，可能是束髮器。

p.056
鐲形玉器，外徑 8.5 公分，牛河梁，紅山類型，西元前 3500 ～ 2200 年前。

p.069
三節綠玉琮，不經燒烤，帶有混濁與黑紋，紋飾簡化如一般式樣。良渚類型，高 9 公分，西元前 3300 ～ 2200 年前。

p.069
單節變白圓玉琮，反山出土，高 4.5 公分，西元前 3300 ～ 2200 年前。

p.070
山形變白玉飾，高 5 公分，上有孔洞，可能插羽毛之用，神獸複合圖像即戴有羽冠，到周代尚有戴羽冠玉珮。西元前 3300 ～ 2200 年前。

p.068
六節雜質綠玉琮，高 15.7 公分，上長寬 7 公分，下長寬 6.6 公分，西元前 3300 ～ 2200 年前。

p.068
雜質棕玉琮以及花紋的拓本。寬 7.9 公分。

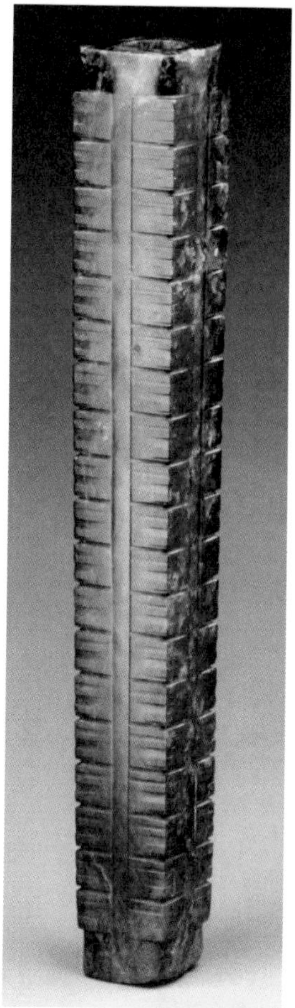

p.067
十九節蒼綠玉琮，高 49.7 公分，山東，大汶口文化，西元前 4300 ～ 2500 年。刻大汶口旦字同形的符號。

甲骨文「」（陶）字中的製陶工具

p.090
兩面刻紋的木陶拍。面長 6～7 公分，寬 5～6 公分，厚 1～2 公分，把長約 13 公分。江西鷹潭角山商代窯址出土，商代中到晚期，約西元前十五至十一世紀。

p.090
袋足陶內模。西安斗門鎮出土，陝西龍山文化，西元前 2300～2000 年。

p.092
套指陶拍，長 8.5 公分，西安客省莊出土，陝西龍山文化，西元前 2300～2000 年。

貴重的象牙梳：貴族婦女的美麗裝飾

p.077
象牙密齒梳，長 16.9 公分，西周，約西元前十一至十世紀。

p.078
高 16.2 公分，寬 8 公分，山東泰安縣出土，中國歷史博物館藏。大汶口文化，西元前 4300-2500 年。

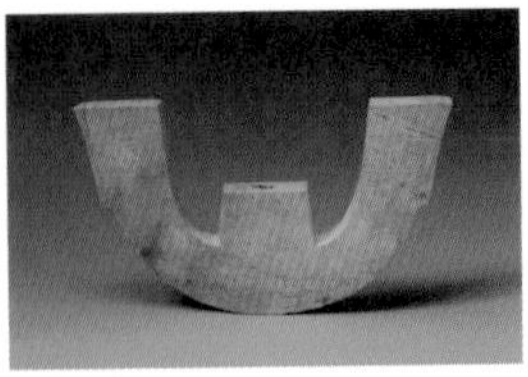

p.071
山形戴羽冠紋變白玉飾，高 4.8 公分，寬 8.5 公分，瑤山七號墓出土。良渚文化，西元前 3300～2200 年前。

張開雙翼的王冠：貴族的象徵

p.073
長 7.1 公分，浙江餘杭反山出土。良渚，西元前 3300～2200 年前。

p.074
玉背六齒象牙梳，通高 10.5 公分，玉背頂寬 6.4 公分，象牙梳頂寬 4.7 公分，厚 0.6 公分，浙江海鹽出土，海鹽縣博物館藏。良渚文化，西元前 3300～2200 年前。

最早的陶器彩繪

p.101
三足褐紅彩紅陶缽，李家村文化。口徑 33.4 公分，陝西華縣老官台白家村出土，約西元前 5000 年前。

燒食器的演進

p.106
線刻彎曲紋紅陶盂帶三陶支腳。盂高 16.5 公分，支腳高 12.5 公分，河北武安磁山出土，磁山文化，約西元前 5000 年前。

p.097
紅陶罐，高 34.2 公分，口徑 12.8 公分，河南舞陽賈湖，西元前 5800 年前。

p.097
紅陶折肩壺，高 17.5 公分，口徑 4.5 公分，河南舞陽賈湖，西元前 5800 年前。

p.092
陶墊，江西鷹潭角山商代窯址，商代中到晚期，西元前十五至十一世紀。墊高陶坯使不接觸地面。

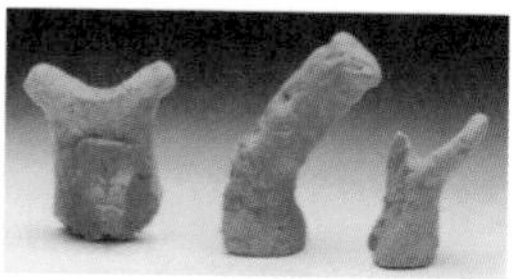

p.092
陶支座，江西鷹潭角山商代窯址，商代中到晚期，西元前十五至十一世紀。用以墊高陶坏使不接觸地面。

可以用來表示「圓」字意義的陶鼎

p.095
三足紅陶鼎，裴李崗文化。高 14 公分，口徑 17 公分，河南舞陽賈湖出土。約西元前 5800 年前。

可以裝水酒和稻米粒的陶器

p.121
小口尖底雙繫梳紋彩繪紅陶瓶，長途運輸。高 46.2 公分，半坡文化，西元前 4000 多年前。

p.122
刻符彩繪紅陶缽，口徑 34.2 公分，姜寨，西元前 4000 多年前。

寫實動物紋出現後，就進入定居的農業生活

p.115
魚蛙紋紅衣黑彩細泥紅陶盆，半坡類型。高 12.8 公分，口徑 30.4 公分，陝西臨潼姜寨出土，西安博物館藏，西元前 4000 多年前。

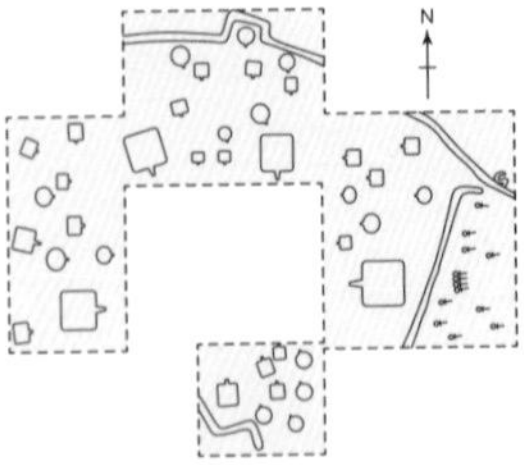

p.116
姜寨的村落佈局圖

p.106
筒形三足壓印紋紅陶罐，高 40 公分，白家村，西元前 5000 年前。

p.106
繩紋圈足紅陶碗，口徑 26 公分，陝西華縣老官台白家村，西元前 5000 年前。西部少圈足器。

與葬儀有關的怪異圖案

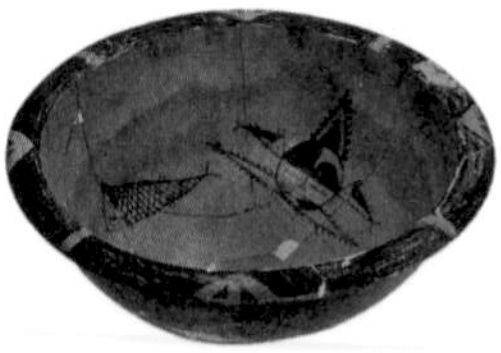

p.111
紅衣黑彩人面魚紋細泥紅陶盆。口徑 44 公分，高 19.3 公分，陝西臨潼姜寨出土，半坡類型，西元前 4000 多年前。

陶缸上的石斧象徵權勢

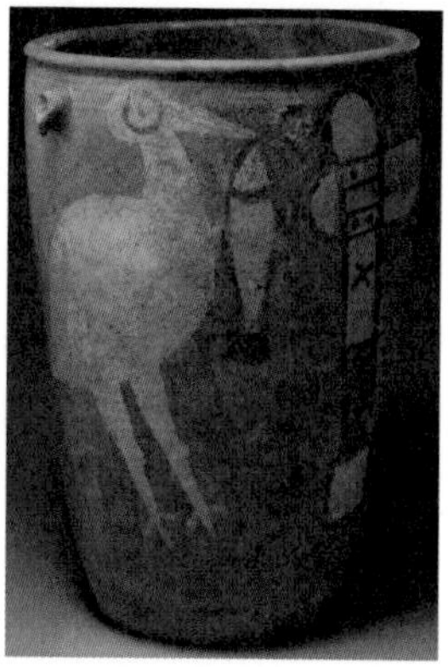

p.129
鸛鳥銜魚石斧紋白衣褐紅、黑兩彩夾砂泥質紅陶缸。口徑 32.7 公分，高 47 公分，河南臨汝出土，西元前 4000 ～ 3000 年前。

p.129
人頭形紅陶壺，高 23 公分，河南洛陽出土，西元前 4000 ～ 3000 年前。陝西省西安市半坡博物館藏。

p.124
指甲掐紋紅陶壺，高 15.8 公分，腹徑 13.3 公分，半坡出土，約西元前 4000 多年前。

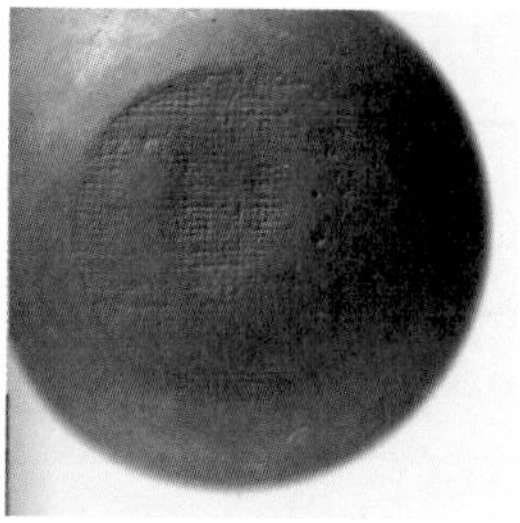

p.124
仰韶陶缽底部布紋印痕。細線徑 0.04 公分，織布證據。依《中國史稿：1-66》每平方公分經緯各十根。五千年前的錢三漾遺址出土經緯線 20x20、16x16、30x20 根的苧麻布。

p.122
魚鳥紋彩陶葫蘆瓶，高 29 公分，姜寨，西元前 4000 多年前。

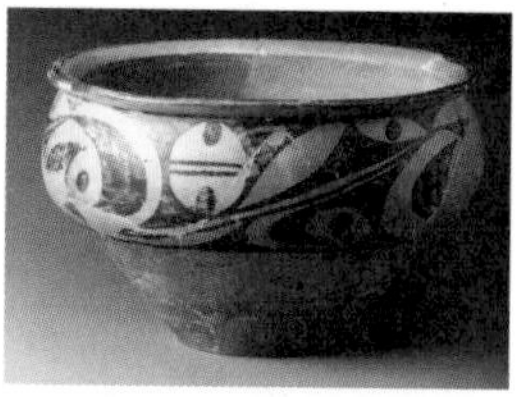

p.123
幾何紋彩陶壺，高 22.6 公分，陝縣廟底溝出土，西元前 4000 多年前。

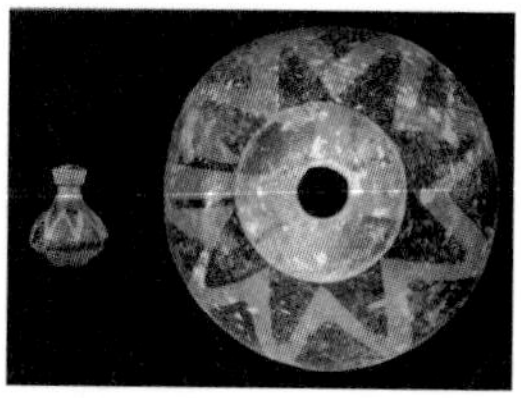

p.123
三角紋彩陶壺，高 10.7 公分，腹徑 13.3 公分，寶雞北首嶺出土，約西元前 4000 多年前。口徑非常細小，有可能裝酒，一般以為龍山時代才普遍飲酒。

圖錄

p.139
人面形口沿圈紋黑彩紅陶壺，高 22.4 公分，口徑 5.5 公分，樂都出土，馬家窯類型，西元前 3000 ～ 2000 年前。青海省文物考古研究所藏。

p.142
彩繪翅羽紋泥質紅陶壺，高 15 公分，口徑 10 公分，底徑 7.5 公分，馬家窯類型，約西元前 2800 年前。

p.135
旋渦紋紅、黑兩彩陶缽，口徑 40 公分，泉護村出土，西元前 3000 年前。

髮型跟工作男女的關係

p.139
人面形器口紅衣黑彩細泥紅陶平底瓶。高 31.8 公分，口徑 4.5 公分，甘肅秦安出土，約西元前 3000 年前。

p.130
陶鴞鼎，高 23.3 公分，陝西華縣泉護村出土，廟底溝型，西元前 3000 年前。器形簡單而顯明，藝術手法高明，媲美紅山文化的鳥形玉雕飾。

架鍋燒火的灶

p.134
夾砂紅陶釜與灶。釜高 10.9 公分，灶高 15.8 公分，廟底溝出土，西元前 4000 ～ 3000 多年前。

p.135
幾何紋褐紅、黑兩彩白衣紅陶缽，口徑 21.5 公分，鄭州，西元前 3000 年前。河南省鄭州市博物館藏。

p.143
彩繪鋸齒漩渦紋雙耳泥質紅陶壺，高 18 公分，口徑 9 公分，底徑 7.8 公分，半山類型。西元前 2650 ～ 2350 年。

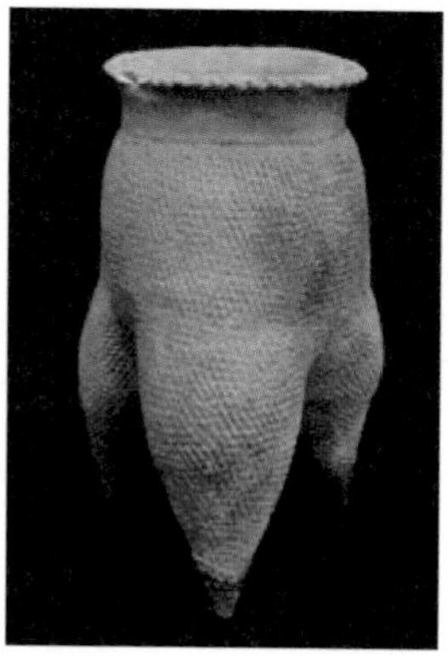

p.144
繩紋泥質紅陶鬲，高 32 公分，齊家文化，約西元前 2000 ～ 1600 年前。

p.143
網紋平行條紋彩陶壺，高 26.1 公分，口徑 10.6，底徑 8.7，青海同德出土，馬家窯類型，約西元前 3000 ～ 2000 年前。

p.143
渦紋雙耳彩陶罐，高 30.8 公分，馬家窯類型，西元前 3000 ～ 2000 年前。

p.143
波浪紋彩陶豆，高 16.4 公分，蘭州出土，半山類型，西元前 2650 ～ 2350 年。

p.142
黑彩波浪紋紅陶壺，高 16.4 公分，甘肅蘭州出土，馬家窯類型，約西元前 3000 ～ 2000 年前。

p.142
黑彩繪蟲紋紅陶瓶，高 38 公分，口徑 7 公分，甘肅甘谷出土，石嶺下類型，西元前 3300 ～ 2900 年前。

圖錄

p.145
彩繪陶鬲，高 25 公分，內蒙赤峰出土，夏家店下層，約西元前 2000 ～ 1500 年。

p.145
壓印紋紅足陶鬲，高 26 公分，內蒙赤峰出土，夏家店下層，約西元前 2000 ～ 1500 年。

p.145
紅、黑、白彩繪變形鳥紋三足陶罐，通高 19.5 公分，口徑 9.5 公分，腹徑 15.2 公分，大甸子出土，夏家店下層，西元前 2000 ～ 1500 年前。中國社會科學院考古研究所藏。

p.145
彩繪陶壺，高 30 公分，赤峰出土，夏家店下層，約西元前 2000 ～ 1500 年。

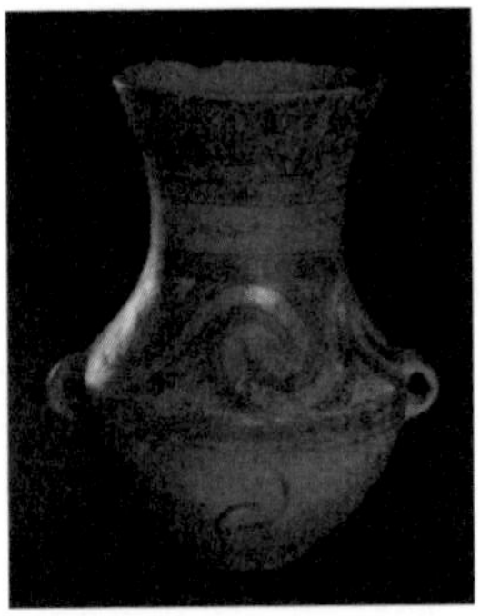

p.144
彩繪漩紋夾砂褐陶壺，高 32 公分，口徑 14.2 公分，底徑 7.8 公分，辛店文化，約西元前 1600 ～ 600 年前。

p.144
彩繪蜥蜴紋雙耳黃衣紅陶壺，高 15 公分，辛店文化，約西元前 1600～600 年前。

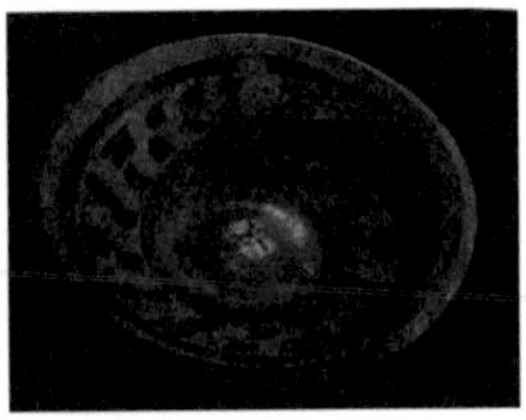

p.144
蟠龍紋紅彩黑陶盤，口徑 37 公分，襄汾出土，夏前期，西元前 2500 ～ 1900 年前。口含枝葉，蟠曲成圈，鱗甲顯明。中國社會科學院考古研究所藏。

p.155
灰胎黑衣磨光雙耳陶尊，高 12.3 公分，杭州出土，良渚文化，西元前 33 至 23 世紀。

p.155
扁足灰陶鼎，高 31.6 公分，浙江吳興出土，良渚文化，西元前 33 至 23 世紀。

七千年前的豬有長喙和高腳

p.153
高 11.6 公分，口沿長 21.2 公分，寬 17.2 公分，浙江餘姚河姆渡出土。浙江省博物館藏。西元前 5000 ～ 3300 年前。

p.154
陶釜，高 22.8 公分，河姆渡，西元前 5000 ～ 3300 年前。釜下有灶。

p.154
灰胎黑衣磨光貫耳陶壺，高 12 公分，良渚文化，西元前 33 至 23 世紀。有些有刻劃符號，其中有具形的長柄鉞圖形。

陶器上的塗繪與文化的傳承

p.147
白衣褐彩、紅衣黑框白彩八角星紋細泥紅陶盆，青蓮崗文化。口徑 33.8 公分，高 18.5 公分，江蘇邳縣出土，現藏南京博物院。西元前 5000 ～ 4000 年前。

p.147
山東泰安大汶口彩陶豆。約西元前 2900 ～ 2300 年。

p.149
白衣紅、黑彩幾何形細泥紅陶盆，口徑 18 公分，高 10 公分，江蘇青蓮崗文化，西元前 5000 年前。

p.162
高足鏤孔細泥黑陶杯，高19.2 公分，柄高 9.3 公分，厚 1.2 公分，大汶口末期，西元前 2500 年前。

p.163
彩繪葉紋陶漏缸，高 41 公分，口徑 30 公分，泰安大汶口出土，西元前 2900 ～ 2300 年前。

p.162
觚形彩陶杯，高 18.5 公分，口徑 12 公分，底徑 5.1 公分，山東泰安大汶口出土，西元前 2900 ～ 2300 年前。

p.162
彩繪細泥紅陶三繫背壺，高 17.4 公分，口徑 30 公分，泰安大汶口出土，西元前 2900 ～ 2300 年前。腹部一面扁平以利背負，功能好像仰韶、廟底溝文化類型的尖底瓶。

四千年前陶器上的族徽文字

p.160
刻符大口尖底灰陶缸，高 60 公分，山東莒縣出土。大汶口文化，約西元前 2900 ～ 2300 年。

p.160
刻劃「旦」字紋的大口尖底陶尊，高 59.5 公分，口徑 30 公分，山東莒縣，中國歷史博物館藏。大汶口文化，約西元前 2900 ～ 2300 年。

煮飯的炊具

p.175
壓印紋灰陶甗，蒸煮的炊具。高 50 公分，河南淮陽出土，西元前 2500 年前。

p.176
四足銅甗，高 105 公分，江西新干出土，晚商，西元前十四至前十一世紀。

可節省燃料費的陶鬹

p.169
高頸曲繩把空足白陶鬹。高 26.2 公分，大汶口類型，西元前 2900 ～ 2300 年前。

p.169
高頸曲把空足白陶鬹，高 26.2 公分，大汶口類型，約西元前 2900 ～ 2300 年。

p.163
彩繪陶紡輪，屈家嶺文化，西元前 1000 ～ 600 年，1979 年天門鄒家灣遺址出土。

p.164
山東莒縣出土陶器上的刻劃符號。「旦」字的早期字形。

p.182
四繫弦紋黑陶罍，高 25 公分，朱封出土，山東龍山類型，西元前 2000 年前。

p.183
磨光黑陶盒、雙耳杯、單耳杯，膠縣三里河出土，山東龍山類型，西元前 2500 ～ 2000 年前。陶色十分純正，可能用滲碳的技術製作。

p.181
黑陶曲把杯，高 9.2 公分，河南龍山類型，西元前 2000 年前。

p.182
紅陶蓋鼎，高 12.2 公分，朱封出土，山東龍山類型，西元前 2000 年前。

p.182
瓜棱形灰陶杯，高 13.9 公分，鄭州出土，河南龍山文化，西元前 2600～2000 年。依據器口的形狀，應該有蓋子。

墓葬中發掘的高級黑陶杯

p.179
高足鏤孔磨光細泥黑陶杯。高 20.7 公分，口徑 9.4 公分，山東日照出土，現藏山東省博物館，山東龍山文化類型，約西元前 2500 ～ 2000 年前。

p.181
黑陶尖口杯 ，高 16 公分，河南王城崗出土，西元前 2000 年前。

p.201
通高 28 公分，最大徑 36.2 公分，河北平山中山王墓出土，現藏河北省文物研究所。西元前四世紀。

p.203
變形獸紋磨光黑陶鼎，通高 41.1 公分，最大徑 38.5 公分，模倣銅鼎，河北中山王墓，西元前四世紀。河北省文物研究所藏。

p.191
通長 21.2 公分，頭寬 8.4 公分，跟寬 7.4 公分，浙江寧波出土，寧波江北區保所藏。良渚文化，西元前 3300 ～ 2200 年。

p.197
高 5.7 公分，口徑 10.6 ～ 9.2 公分，底徑 7.2 ～ 7.6 公分，餘姚河姆渡三文化層出土，浙江省博物館，前 3500 多年前。

p.184
泥質磨光黑陶鼎，腹飾乳釘弦紋，高 15 公分，山東龍山類型，西元前 2000 年前。鼎為烹飪器，一般使用夾砂製作。從器足尚顯露紅色，推測先以氧化焰燒，器身以短時間還原焰燒製。推測可能以熱的器身埋在稻殼中製成，足未被悶燒，所以成為紅色。

p.184
壓印弦紋泥質磨光黑陶雙耳杯，高 12.5 公分，山東龍山類型，西元前 2000 年前。底部像圈足，實際是平底。

國家圖書館出版品預行編目（CIP）資料

漢字與文物的故事 . I, 回到石器時代 / 許進雄著 .
-- 初版 . -- 新北市 : 臺灣商務 , 2018.07
面；　　公分
ISBN 978-957-05-3147-3(平裝)

1. 甲骨文 2. 古文字學

792.2　　107007197

OPEN 2

漢字與文物的故事：回到石器時代

作　　者—許進雄
發 行 人—王春申
總 編 輯—李進文
編輯指導—林明昌
責任編輯—王育涵、徐孟如、王窈姿
封面設計—謝佳穎
美術設計—萬亞雰、菩薩蠻
業務經理—陳英哲
行銷企劃—葉宜如
出版發行—臺灣商務印書館股份有限公司
23141 新北市新店區民權路 108-3 號 5 樓（同門市地址）
電話◎ (02)8667-3712　傳真◎ (02)8667-3709
讀者服務專線◎ 0800056196
郵撥◎ 0000165-1
E-mail ◎ ecptw@cptw.com.tw
網路書店網址◎ www.cptw.com.tw
Facebook ◎ facebook.com.tw/ecptw

局版北市業字第 993 號
一版一刷：2018 年 7 月
印刷：沈氏藝術印刷股份有限公司
定價：新台幣 350 元
法律顧問—何一芃律師事務所